ちくま文庫

45歳の教科書

モードチェンジのすすめ

藤原和博

筑摩書房

目次

第1章　40代で「キャリアの大三角形」を描こう　49
――「人生の自由度」を高めるたった1つの方法

第3章 40代の「よくある悩み」に答えます！

——「正解」ではなく「納得解」を導き出すヒント満載です

す。 165
・組織再編に伴って、それまでとはまったく別の分野の責任者として出向することになりました。 167
・取引先の中小企業の社長から「私の片腕としてうちにきてくれないか」という誘いを受けました。妻に相談したら大反対されてしまって……。 169
・共働きの妻が「会社を辞めたい」と言っています。 171
・子どもが不登校になってしまいました。 171
・SNSを通じて昔の同級生たちと再び交流を持つようになりました。最初は良かったのですが、お互いいい所しか見せ合わないことに違和感を持ち始め、つきあいをやめたいと思っています。 173
・会社を辞めたいという後輩の相談に乗っていたら、「この会社には、『いつか自分もあなりたい』と思えるような先輩が1人もいないんですよ！」と言われてしまいました。 175
・「残業削減・ワークライフバランス・男女ともに働きながら子育て」という昨今の働き方改革の流れ、藤原さんはどう見ていますか？ 177
・人生に目標が大切なのはわかるけど、今を生きるので精いっぱいです……。 178
・どんな仕事に就いていても、この先英語からは逃げられない気がします。藤原さんはどうやって英語を勉強されたのか、教えてください。 180

第4章　45歳からの「くらしと家族」——人生後半を充実させるために、今やっておくべきこと　185

45歳の教科書——「モードチェンジ」のすすめ

はじめに

かつて2冊の本で、35歳と55歳前後の読者の指針となる人生の教科書を書きました。『35歳の教科書　今から始める戦略的人生計画』（2009年初版／2021年ちくま文庫／Kindle版は幻冬舎）と、『坂の上の坂　55歳までにやっておきたい55のこと』（2011年初版／2012年ポプラ文庫）です。

どちらもベストセラーとなったのですが、とりわけ後者は10万人を超える人々に読まれました。

この本は、それらの姉妹本として、35歳と55歳のちょうど真ん中に位置する45歳前後の読者に向けて書かれた新しい人生の教科書です。

迷える世代だと言われます。悩みは深く、一部の読者は八方ふさがりのように感じているかもしれません。

ここでちょっと、40代の不安と恐怖の実態を整理してみましょうか。

「もう偉くなれないんじゃないか」「外でも通用しないんじゃないか」「独立する機会を逃した！　同期のアイツはさっさと辞めて自分の道を歩き始めたのに」。

仕事の責任が圧倒的に増しますし、部下の失敗のカバーもしなければなりません。直接のお客様を担当しない中間管理職の場合はなんとなく立場が浮遊して、どんどん仕事のできない人になる恐怖もある。

いっぽうで、家族の危機に見舞われている人もいるでしょう。家族のためと信じて仕事に打ち込んできたんだけれども、パートナーはすでに独自のコミュニティを作り始め、子どもたちの親離れも進んでいきます。もうかつてのように一緒に家族旅行に行くのは難しくなるでしょうし、旅行をしても昔ほど楽しくない。

「本当の友達はどこに？」という思いもあります。ツイッターやフェイスブックなどSNSを盛んにやって、なんとなくつながった気分になっているんだけれども、どうも強い絆を感じられない。インスタ映えするシーンを追いかけて、ついついカメラ目線で世の中を見ている自分がいます。

そうこうしているうちに、アイデンティティの危機が襲ってくるのです。「自分はどこに向かっているのか？」……夢を見失いがちなんですね。

世代全体としても、精神疾患の比率が高まり、自殺率や病気での死亡率も高まっていきます。自分自身を信じることの危機。つまり金融的な意味ではなく、もっと本質的な意味での信用（クレジット）の危機なんです。

この本は、私自身の経験を基にしながら、もう一度、読者が自信、あるいは自己肯定感（セルフ・エスティーム）を取り戻すお手伝いをします。

序章では、私自身が45歳前後までいかに「中途半端な存在」だったかを告白します。情けない話を聞いてください。ただし、その後に「中途半端な存在」から脱する鍵となる3つのきっかけとともに。

第1章では、3つのキャリアの掛け算により、40代からの人生の確固たる基盤を作るイメージを固めてもらいます。

これで100万人に1人の希少性が確保できるのです。あなたの希少性が同世代に1人しかいない状態になることであり、同時に、オリンピックのメダリスト級（メダリストと同様の希少性）になり得る可能性を示唆します。

「キャリアの大三角形」を作るこの手法は、ホリエモンが『多動力』の中で、さらにキングコングの西野亮廣さんが『魔法のコンパス』の中で引用し、絶賛してくれているもの。この6段階の手法を丁寧に解説しました。

第2章では、信用（クレジット）とは何か？――という哲学的な問いかけに対して、読者とともに具体的に考えていきます。「よのなか科」の授業として高校生にも投げかけた易しいアプローチで、その本質に迫ります。信用（クレジット）というのは「他者から与えられる信任の総量」だとわかることにより、何から手をつければ、あなたの自己肯定感（セルフ・エスティーム）がアップするのかの糸口がつかめるはずです。

第3章では、40代に多い悩みに徹底的に答えます。基本的に書き下ろしですが、一部だけ『「毎日の悩みが消える」働き方の教科書』（2015年初版電波社／Kindle版も）のQ＆Aを再編集しています。「管理職を辞め、名刺を捨てよう」という強烈なメッセージです。

第4章では、45歳前後の読者がなんとなく不安を感じている60代からの人生のイメージを、「コミュニティづくり」「家族との関係」「住居」といった点からとらえ直してもらおうと考えました。初出はWEBサイト『ノムコム60↓』での連載「60歳からの教科書『豊かな住まい方』」（2016〜2018年）ですが、再編集させてもらいました。「モードを変えるために転居、あるいは改築せよ」というメッセージを含みます。

この本が読者の40代の危機からの脱出に役立てば、望外の幸せです。

序章

僕自身は、どれほど「中途半端な存在」だったか
――ライフワークは慌てず、じっくり探せばいい

ライフワークがはっきりしたのは、50代になってからだった

僕は、戦後の学校教育を受けて、典型的に「早く、ちゃんとできる、いい子」として育ちましたが、取り立てて自分から「やりたい！」と思う職業もなく、長い間、「中途半端な存在」だったと思います。

特に、社会的な使命感みたいなものについては、かなり奥手だったかもしれません。今でこそ「中高校生も世の中の一部であり、意識を向ければ、その世の中の一部を変えられるんだ」というメッセージを込めて、アクティブ・ラーニングの手本となる「よのなか科」の授業を全国に普及する教育改革実践家としての役割に目覚めていますが、これがはっきりしたのは50代になってからです。

それまでは、いろんな失敗をしたし、勘違いもあったし、恥もいっぱいかきました。

序章では、その過程を足早に振り返ることで、読者にも、慌てず、じっくりライフワークを探していけば大丈夫なんだよと感じてもらえれば幸いです。

もちろん、もう当面の人生の目標がはっきりしている早熟な方には、この章は読み飛ばしてもらってかまいません。

ここからは、恥ずかしい話のオンパレードですから（笑）。

小さい頃は、お店の人に話しかけられなくて、何も買えずに帰ってきちゃうような弱気な子だった

この10年の間に1500回を超える企業向け、教育関係者向けの講演を続けた甲斐あって、今では講師としての話術もプロになりました。だから、テレビ出演でも、2000人の聴衆を前にした3時間の講演会でも、ほとんど緊張しないし、スラスラ語り続けることができます。

ちなみに、講演のテーマは、ビジネス系ではマネジメント、リーダーシップ、コミュニケーション技術、そして「情報編集力」を向上させる技術など。講演会の講師を仕事としていると聞いてもピンとこない人もいるかもしれないから、実際に僕がやる講演テーマを挙げておきましょう。

多くは企業の管理職やリーダー対象の研修会での講師で、テーマは……、

「人を育てモチベーションを向上させるコミュニケーション技術とは」

「アイデアを豊かにしイノベーションを起こす組織風土を作るには？〜情報編集力による付加価値創造とリーダーシップ」

「最強のコミュニケーション術〜上司と部下や顧客関係での人間関係の築き方」

ビジネスパーソン個人に向けては、

「100万人に1人の人材になるために〜10年後も今の仕事を続けてますか?」

「坂の上の坂〜人生後半戦を豊かに生きるためのコミュニティづくりとコミュニケーション」など……コミュニケーション分野が多いですね。

いっぽう、教育系では、つくば教員研修センターで全国の小中高校の校長先生たちに学校マネジメントを教える「校長先生たちの校長」の仕事もやりました。

自治体の教育委員会やPTA、教育関係者を対象にした講演テーマは……、

「子どもたちはどんな未来を生きるのか」

「つなげよう! 学校と地域社会〜子どもたちの未来を拓くために」

「今、この国の教育の何が問題なのか?」

「世の中を『教育』で変えるにはどうしたらいいか?」

そして、「10年後、君に仕事はあるのか?」や「10年後、君に仕事はあるのか?〜未来を拓く情報編集力の育て方、磨き方」……など、教育改革実践家としての10年以上の経験をもとに、ワークショップ型の講演をしています。

会社を辞めて40代から著述家としての仕事もしていて、文庫も含めると88冊、累計で150万部の読者がいます。『処生術』という本で新潮社からデビューしてから、20年あまり。だからネタには困らないんです。

そんな僕が、とても神経質で、すぐ緊張しちゃって、気が弱い子だったとは、誰も思わないでしょう?

でも、買い物に行ったとき、店員の人がほかのお客さんと話しこんでいたりすると、きっかけがなくてそのまま帰ってきちゃうような子だったのは事実です(笑)。

日本人は一般に正解主義教育の影響を受け、「早く、ちゃんとできる、いい子」にという呪文をかけられながら育つので、あらゆる局面で「叱られたくない」と思う傾向が強いのですが、まさに僕はその1人だった。

運動会や発表会では前日からドキドキ緊張しちゃって、「神様、早く僕の出番が終わりますように!」と本気で祈るような子だったのです。

幼稚園は、たしかカソリック系だったけれど、家には仏壇があって祖母が熱心に拝んでいたし、神社にはしょっちゅう遊びに行っていました。でも、どの神様に祈ったのかはもう忘れましたが。

小学校時代の三大恥話

小学校時代の三大恥話をしろと言われれば、まず1年生の視力検査で、あのしゃもじのように片目を隠す道具の使い方がわからずに、隠している方に穴が開いていて向こうが見えるもんだと勘違いして（隠してない方の目をつぶって）、視力がないと判断されたこと。「この子は放っておいたら失明するかも」と話す養護の先生のつぶやきが聞こえちゃって、大泣きしたことを覚えています。

同じ1年生の頃、学校のトイレに入るのが嫌で、お漏らししてウンコまみれになった事件もオマケで告白しましょう。

あとは、4年生から、アコーディオンが格好いいと思って親に頼んで習いに行くのですが、やっぱり飽きちゃってものにならず。学校の発表会の合奏でもいい加減に弾いていて、シーンとなる場面で音を飛び出させた犯人だったこと。

5、6年生では、女の子をいじめる側にもなったことを告白しておきます。なんでだろうと考えると、自分の居場所に自信がなかったからだと思い至るのです。自分が弱いから、それがバレるのが嫌で、悪ぶるんですね。この、悪にはなれないくせに、姑息に悪ぶる癖は、中学にまでそのまま継承されてしまいます。

10歳までに遊びまくった自信だけはあります。公務員住宅に住んでいたので、仲間に困らなかったからです。僕は1人っ子なのですが、同級生にはみな兄貴や妹がいて、アパートの目の前の公園や近くの空き地、学校の校庭で1日中遊んでいました。お兄ちゃんたちについていけば、木登りして基地を作ることから釘差し遊びや野球まで、なんでも教えてくれました。当時は管理が甘かったからでしょうね、学校（実は世田谷にある教育大駒場、今の筑駒）のオフシーズンのプールに筏を浮かべて、冒険ゴッコをやったこともあります。

人が何かに目覚めるには、いろんなきっかけがあるわけですが、もし「大事件」を挙げて人生を震わせた3大事件を振り返れと言われれば、僕の場合は、まず1番目に、リクルートに入社して営業のキャリアから社会人生活の第一歩を踏み出したことが大きかったと思います。リクルートは成長期で、社会人を育成する学校（ビジネス・スクール）だった。

その後、一皮も二皮もむけるきっかけとしての2番目は、子どもを連れての2年半の海外生活の後、会社を辞めたこと。3番目は、東京都では義務教育初の民間校長に指名され、5年間、杉並区立和田中学校で校長を務めたことでしょう。

このどれを取っても、パズルのピースとして組み合わされなければ、「教育改革実践家」としての今はなかったと思います。でも、それを僕が意図的にデザインしたのかというと、そうではないんですね。

後からこの3つの物語を順に語れば、こうなったのが必然であるかのように見えてしまいますが、その時点、その時点では、ここまでに至る明確な意図があったわけではありません。目標に向かって収斂しているのではなく、ズレていっているのだと思います。思い切り遠慮なく、どんどんズレていってる。

だから、覚悟を持って飛び込むのみなんです。

不断に試行錯誤を続けていけば、それでいい。「正解主義」で生きるのではなく「修正主義」で生きる強さが、そこに出るんだと思います。

中学時代は悪ぶるのがかっこいいと勘違い

たいへん恥ずかしいのですが、今の中高生にもそういう子がたくさんいると思うのですが、中学時代は、悪ぶるのが格好いいと勘違いしてました。

自分が「早く、ちゃんと、いい子に」育っているのが、どうもしっくりこない。なんか、恥ずかしいんですね。だから、悪ぶって「どうだ！」と言いたいし、周囲に「すげえ！」って言わせたい。友人の一所懸命な姿に対しても素直になれない自分がいました。なるだけ見た目は斜に構えて、できるのにやらなかったりする。

自分自身を持て余しちゃってる感じです。

部活は、あると思ってたサッカー部がなかったので、剣道部に入部しました。当時の顧問の先生は呆れていたと思いますが、たいへん中途半端な剣士で、初段を取る気力も実力もありませんでした。環境が恵まれてなかったわけではありません。単に夢中になれず、ちゃんと練習しなかったというだけの話です。

思い切り悪ぶった結果、中2のときに「万引き事件」を起こし、警察に捕まって家庭裁判所に行きます。最高裁判所に勤める父に連れられて家庭裁判所に行くんですから、死にたいくらいカッコ悪かった。以後、僕は父とは口がきけないようになります。もちろん、母も校長室に呼ばれて泣いてましたし、すぐに全校にバレたから、恥と言えば、これ以上のものはありませんでした。

逆に、だからこそ、中高生の心が乱れたり魂が揺れたりで悪ぶりたい衝動が起こるのを理解はできます。校長としての仕事にどれほど役立っているかは未知数ですが。

アレルギー体質でもあったから、小学校時代はしょっちゅう皮膚科のお世話になっていました。水疱瘡なんて1~3センチのドーム状になっちゃって、気持ち悪かったです。中学でも、何がきっかけかわからないのですが、突然バーッと顔や全身に細かい湿疹ができることがあり、辟易しました。誰も見ていないからと慰められても、中高時代って、見栄えがすべてみたいに思ってる節があるじゃないですか。

恥ずかしかったなあ……。皮膚の弱さは高校にも引きずります。言わずと知れたニキビです。おでこにそれこそバーッとできて、必死で前髪で隠してました。

皮膚系では、会社に入ってからも、クラゲに噛まれたあとが医者が感嘆するほど腫れることもありました。お酒を飲むようになってから、あまりそうしたアレルギー症状で悩まされることがなくなった印象があります。

決して、お酒のおかげではないと思いますけれど。

高校時代は部活に一所懸命になれなかった

高校では、バスケット部に入りました。

各中学のバスケ部のキャプテンが来ていたのに、男子はみなラグビー部に引き抜かれてしまい、女子はバスケ部に入ったので、僕の代は圧倒的な女子優勢に。弱小男子バスケは女子の相手ばかりしてました。それでも、楽しかった。今でも同窓会で集まるのはバスケ部中心です。

中学時代はなんちゃって剣道部員だったので、バスケの練習がきつく、家に帰ると眠くてとても勉強する気になれません。ですから、夜の7時頃から一旦仮眠をとり、食事をしながら目を覚まして10時頃からラジオを聴きながら勉強してました。僕の場合は2時間寝ちゃってましたが（これ以上寝たらまず翌朝まで起きられないでしょう）、15分とか30分でも、深く眠れば頭がスッキリする人はいるようです。眠いときには仮眠して頭をクリアにする習慣をつければ、社会人になってもそれは武器になります。僕は大学時代も、この昼寝（夜寝）の習慣を続けました。

バンドではリードヴォーカル&サイドギターをやってました。ビートルズとビー・ジーズ、それに、知らない人も多いと思いますが、グランド・ファンク・レイルロードの曲が持ち歌です。僕らの頃は、1クラスに1つはビートルズ・バンドがいて、もう1つ、サイモンとガーファンクル・デュオがいる感じ。軽音楽部くらいリードギターが上手い場合は、レッド・ツェッペリンをやってました。

都立青山高校は緑豊かな神宮の森の中にあり（オリンピック・スタジアムとなる新国立競技場のそば）、最高の環境だったのですが、高校時代の僕はそうと気づかず、多くのことをやり残した気がします。

とりわけ部活は、もうちょっと真面目にやっておけばよかったなあ、と。

受験については、こんなことがありました。

2年生の秋に文系か理系か進路の選択があり、3年でクラスが変わるのですが、僕はもっとも先鋭的な理系クラスに入ったのです。なぜかというと、アンケートが回ってきたときにはまったく進路に対する意識が薄かったので、バンドの仲間（リードギターとドラムのやつら）に聞いてみたんですね。そうしたら、「男なら建築でしょ」って言うんです。「じゃ、俺も一緒にしておくわ」とやっちゃった。

自立心のかけらもなかったんですね。中途半端どころか、進路にもキャリアにも、なんのイメージもなかった。恥ずかしい限りです。

で、どうなったかというと、1学期が始まってすぐに「物理」と「化学」にまったく興味が持てないことが発覚。結局、3年の夏休みに「文転」（文系への転向）を決意します。さらに、文系科目では、受験対策として「日本史」は難易度が高いと判断し、暗記で勝負できる「世界史」「地理」という、1、2年で履修済みのものを選びました。いっぽうの理系科目では、「物理」と「化学」が嫌だったので、これも1、2年で終わっちゃっていた「生物」「地学」を選ぶことに。というわけで、3年生で習う英数国以外のほとんどの教科が、受験とは無縁になるという悲惨な結果になったのです。

当然、時間が足りなくなりますから、戦略的に受験勉強に取り組まざるを得なかった。その結果、自分で学習計画を編集し、自分で勉強時間をマネジメントする癖がついたというわけです。

医学部を受ける奴もいるバリバリの理系クラスで1人だけ「文転」するのは非常に恥ずかしかったのですが、かえってそれで戦略性が身についたと言えるかもしれません。

大学時代に何を成し遂げたかと聞かれたら何も言えない

経済学部に入ったのは、受験対策として現役合格が狙えるからでした。

だから、入学後すぐに、教養学部で学ぶ50人のクラスの歓迎会があったとき、僕1人だけ、経済学には「マルクス経済学」と「近代経済学」があること（当時）も知らず、同級生から笑われてしまいました。

現在では、経済学は高度な数学や統計学、あるいは心理学を使うようになっていますが、もともと経済学自体にあまり興味が持てなかったこともあり、3年生からは経営学科に進みました。

だから、「大学でやったことはなんですか?」と聞かれたら、非常に中途半端なことしか答えられません。当時の一般的な大学生のパターンと一緒で、「バイト」と「スキー」と「海外旅行」、それに「自動車免許」と「学園祭イベント」くらいでしょうか。

何かを集中的に研究したわけではないし、技術を身につけたわけでもない。かといって、徹底的に部活で活躍したわけではないし、卒論をものにしたわけでもない。ボランティア活動を続けて社会貢献したわけでもないし、今時のように自分で考えたビジネスを起業したわけでもない。とにもかくにも中途半端だったのです。

実は当初は部活に入ろうとしたのですが、バスケの練習を見に行って「バスケット部ですか?」と聞いたら、「違います」とキッパリ答えられてしまったので、そのまま帰ってきてしまいました。小さい頃のおつかいで、店員さんがほかのお客さんと話し込んでいたとき、何も言えず、何も買えずに帰ってきてしまった話をしましたよね。また、あの悪い癖が出たようで、結局、部活には入りそびれました。

それでも3年までにすべての単位を取り終えてしまい（暇だったからです）、4年生の春には、もう経営コンサルティング会社に入社したかったのです。経営学を学んで、それしか興味が湧かなかったからです。

でも、応募するなら半年後に来なさいと言われたものだから、バイトしてお金を貯めて、長期で語学留学に出ようと決めました。それがきっかけで、リクルートとの縁ができることになります。ビジネスの真似事で稼ぎたかった僕の家に、「日給1万円、スーツを着て名刺を持って仕事してもらいます」というダイレクトメールが舞い込み、これに応募して2カ月間の長期バイトとして採用されたからです。

たまたまの偶然ですが、振り返れば、運命だったとの解釈も可能です。

バイトしたからわかったのですが、組織風土が良かったことが最大の理由で、そのまま、ミイラ取りがミイラになりました（笑）。決して、のちの成長を予見したわけではありません。その時点で僕は、リクルートの事業についてはあまり知らなかったくらいですから。

10月に内定して見せられた前年度の決算報告書では、初の減収減益決算でした。

世の中に対する意見がないコンプレックス～受験エリートではあったが教養がなかった

受験エリートは処理能力が高いから、仕事はできます。自分のことをそういうのは照れるのですが、だから、リクルートでも入社してすぐトップセールスになりました。その後、27歳で課長、30歳で次長、結婚した32歳では部長になってました。

でも、僕にはずっとコンプレックスがあった。世の中の動きに対する社会的な意見が言えないコンプレックスです。

リクルートには編集者という人種がいて、毎週発刊される情報誌の編集の仕事をしていたんですね。今で言う『リクナビ』や『じゃらん』や『スーモ』の記事の編集をしている人たちです。編集者は世の中の流れを注意深く観察していて、こういう現象はこんな風に分析できるとか、これから人々の嗜好はこんな風に変わるだろうとか、読みが利くんです。

「藤原さんは、スカウトに声をかけられたら転職を考えてもいいという人が2割しかいないって言ってたけど、2割もいると評価した方がいいんじゃないかしら。この調査結果は、忠誠心に守られていると言われる日本の会社組織の基盤を揺るがすようなデータだと思いますけど……」というように、それこそ複眼思考（クリティカル・シンキング）による指摘が会議で出るわけです。

僕にはそうした社会の流れを読む視点が欠如していたので、なんであの人たちにはそれがあって自分にはないんだろうと、ずっと不思議でした。

会社に入って10年して、メディアファクトリーという出版社（のちに僕の後継者たちが「ポケモン・カードゲーム」を発売することになったので有名に／現在はKADOKAWAの事業部門）の立ち上げをやって、やっとわかりました。

単に教養がなかったからなんです。教養学部に2年間通ったにもかかわらず。本を読むことで教養を蓄積しないと、いくら新聞やテレビでニュースをウォッチしていても、営業でいくらお客さんと語っても、教養は磨けない。

今で言えば、いくらネットサーフィンしても、Googleを味方につけたとしても、やはり書籍でまとまったノンフィクションやよく編集されたエッセイ、さらに人間の心理が赤裸々に描写された小説をたくさん読んでいないと教養は身につかないものなんです。

「なんでビジネスに小説が関係あんの？」と疑問に思うかもしれませんね。僕もそうでした。関係ないジャンと思っていたから、20代ではまったく読まなかった。

でも、それでは考えに深みがなくなっちゃうんですね。小説は様々な主役、脇役をロールプレイさせてくれます。一冊一冊がロールプレイングゲームのようなもの。だから、人間に対する理解が深まるんです。1人の人間に、ありとあらゆるシチュエーションの人生のすべてを経験することはできませんから。

僕の20代の中途半端感は、仕事の処理力は一流だったんだけれど、教養という基盤がなかったために心が浮遊していることが原因でした。

30代から書籍を読む習慣がついて、少しマシになった気がします。でも、まだ、まだ迷ってました。

ちなみに、大人が「情報編集力」を鍛えるためには、どうしたって読書が必須だということは、『本を読む人だけが手にするもの』(日本実業出版社/2020年にちくま文庫)に詳述しています。

30代まで生きるテーマがない

僕は32歳で結婚して、33歳で長男が生まれたのですが、恥ずかしいのは、入社して10年経っても、生きるテーマのようなものが見つからなかったことです。

30歳で「メニエル」という目眩に襲われる病気にかかったこともあり、少し時間ができてから、このことを考えるようになりました。生まれた子どもに、自分は胸を張って生き様を見せられるだろうか。お父さんは何の仕事をやっているんだとプライドを持ち続けられるのか。課長とか部長というサラリーマンの仕事を10年後も続けていていいのか。

ちょうど「リクルート事件」から「ダイエーグループへの吸収」という二大事件の間でもありましたから、会社員であることへの疑問もフツフツと湧いてきたのです。

日本に留まると、リクルートでは、少なくとも部長とか室長として部下もいて、部門を率いなければなりません。でも、もう一度、一から40代で取り組むテーマを考えてみたい。そのためには日本から脱出しなければダメだな。そう思ったのです。脱出なんて表現を使うとカッコ良すぎますね。この状況から逃げたかったんです。そうしないとしがらみがありすぎて、一から考え直すのは無理だろう、と。

だから、37歳のとき、4歳になる長男と、次男がもうすぐ生まれてくる身重の妻と一緒に、ヨーロッパに移住することにしたのです。逃避行です。

当時は、メディアデザインセンターという、インターネット普及直前のマルチメディア研究の部署を率いていたので、技術を学ぶための海外留学だったらアメリカを選んだはずです。でも、僕は「これからの日本社会がどう動くのか」「成長社会のあとに訪れる成熟社会とは、どんな社会のことを言うのか」「どんな社会システムが人々の生活を支えているか」を学びたかった。成熟社会の先輩格の国では、人間がどんな風に生活しているのか、その生き様を直接体感したかった。その中で、自分の40代以降に取り組むテーマを探したかったので、ロンドンに1年1ヵ月、パリに1年3ヵ月住むことにしたわけです。最初は、ロンドン大学ビジネススクール客員研究員という立場でした。

ヨーロッパでは、リクルートの新規事業の担当部長だと言ったところで誰も知りません。だから、藤原個人が何を考え、何をめざし、今何ができる人なのかを一からプレゼンしなければならない。これには苦労しました。

僕が力士だったり、空手の師匠だったりしたら、説明する必要はありませんよね。その姿、その技術だけで、たとえ英語や仏語が片言もできなかったとしても向こうの方から寄ってきます。でも、僕には依って立つ技術がない。かといって、日本の歴史をきちっと語れるわけではないし、火を吹く大道芸を身につけているわけでもない。サッカーやテニスを指導できる腕前もない。

外国人を前にしたとき、英語がちょっとくらいできても、社内で営業の神様と呼ばれた歴史があっても、やっぱり中途半端な存在であることが、またしても、あからさまになってしまったのです。

中途半端からの脱却には、30代から40代にかけての転機が

僕の中途半端さを矯正してくれる転機があったとすれば、大きかったのは、次のようなきっかけだったと思います。

まず、前段で述べたように、37歳で家族とともにヨーロッパに移住して、成熟社会の姿を垣間見たこと。

駐在員ではなかったので、ロンドンやパリに出張に来た会社の上司を接待する必要もなく、自由に動き回れました。海外でも村を作りがちな日本人駐在員とは交わらず、なるべく現地の人々の生活に溶け込むようにしました。

妻がいつもお腹が大きいか、赤ちゃんを抱っこしてたのが大きかったのです。幼児期の長男とともに、ロンドンでは次男が、パリでは長女が生まれて常に赤ん坊を抱っこしていたから、現地の人たちがピクニックに誘ってくれたり、ホームパーティーに招いてくれたり。観光客には冷たいと評判のパリジャンも、肉屋さんでも魚屋さんでも、子連れで生活している僕たちには気さくに声をかけてくれました。

パリでは、ユーロディズニーで老人たちが何組もベンチに座っている姿を見ました。日本も2030年までにはそんな感じになるんじゃあないでしょうか。ギリシャのクレタ島やスペインのマジョルカ島では、リーズナブルな値段でバカンスを楽しむ家族とたくさん交流しました。「エーッ、1週間しか休暇がないの？」というのが彼らの感覚です。たしかに2週間あれば、子ども同士がもっと仲良くなれるんだけれど。

そんな成熟社会の先輩格の国々での体験を積みながら、次第にこんな風に考えるようになりました。「日本がまともな成熟社会を迎えるためには、教育、住宅、介護を中心とした医療の3分野で、社会システムが改まる必要がある。だから僕も、そのどれかの社会システム改革に参戦しよう」と。

40歳で、会社を辞めてインディペンデントになりました。自営業者です。

リクルートと「フェロー（客員ビジネスマン）」契約をして、ゼロから4500万円の間で年収がブレる危ない働き方を6年続けたのです。18年間勤めたあと、会社を辞めてみて初めて、自分が年金の掛け金をいくら払っていたのか、60歳以降にそれは毎年のリターンとしていくらになって返ってくるのか、所得税はいくら払っていて、医療保険はいくらだったのかがわかりました。会社員として組織に抱えられていると、税金も自動的に源泉徴収されてしまうから金額には気づかないものです。

自営業者に転じると、お金を払ったときに領収書をもらって経費として落とすことも含め、経営者の視点を得ることができます。ようやく、自分の人生をマネジメントする「ライフ・マネジメント」の視点を得ることにもなりました。

ここから、ライフワークとしてどんな仕事に取り組むかの試行錯誤が始まります。そして次第に、「教育」「住宅」「介護を中心とした医療」のテーマの中では、教育のテーマが僕の気持ちの中で色濃くなっていくのです。帰国したとき、3人の子が6歳(ちょうど小学校入学)、2歳、0歳だったので、ここから10年は日本の義務教育システムのお世話になるからなあ……というのが大きかったかもしれません。

42歳からは、自分の考えを書きとめ、それを書籍として出版する著述業を始めました。

新潮社から出版された『処生術――生きるチカラが深まる本』(2020年にちくま文庫に収録)がデビュー作で、今書いているこの本は、僕の79冊目の本(文庫含む)になります。海外でも韓国、台湾、タイ、インドネシアなどで翻訳されています。

とはいえ、最初は何度も出版を断られましたし、2冊目の『父生術』などは原稿完成後なかなか本にならず、10社以上に持ち込んだものです。

でも、33歳から年間100冊を目標に本を読んでいた蓄積が効いたのでしょう。5年目の37歳くらいから言葉があふれてくるようになり、その思いをエッセイ風に書き留めていました。その後、ヨーロッパでの成熟社会の有り様を経験し、ロンドンっ子やパリジャンの生活信条に触れ、日本との違いを意識するようになったことで、書きたい思いが強烈になりました。だから、デビュー作はほとんどパリの自宅で書き留めたものでした。

以来、成長社会から成熟社会への時代の変化と、その中でいかに自分自身が主人公の人生を歩むか、が書籍に描く僕のメインテーマになりました。

人生×コミュニケーション×仕事×教育という領域で、講演もしています。

書いてみると頭が整理され、考えがまとまってきます。自分の思いや考えをはっきりさせるためには、他人にインタビューされたり、原稿に書き留めたりしながら、自問自答を繰り返す必要があるのです。

人生の筋道をはっきりさせるためには、まず、浮かんできた考えや思い、悩みや不安を書いてみるのが大事なプロセスだと思います。

ライフワークを決めた決定打は、かなり遅かった（47歳から52歳）

●47歳（2003年）　学校という現場に飛び込む

なぜ、リクルートのビジネスマンだった人が、学校の現場に飛び込んで校長なんかやったんですか？……と1000回以上聞かれました（笑）。

すでにその前から息子たちの小学校の評議員として学校に関わったり、杉並区教育委員会のアドバイザーはやったりしていたのです。また、著書『人生の教科書［よのなか］』と『人生の教科書［ルール］』（現在は合本して、ちくま文庫『人生の教科書［よのなかのルール］』に収録）が話題になったものだから、2000年前後から僕自身がゲストティーチャーとなって、公民の先生とタッグを組みながら進める「よのなか科」の授業も始まっていました。

ただ、アドバイザーやゲストでは学校は変わらないなという実感があり、実際に僕のマネジメントスタイルで経営したら学校がどれだけ変わるか、試してみたくなったのです。当時の杉並区と東京都には、それをやらせてみる柔らかさと度量があったからこそでしょうが、東京都では義務教育初の民間校長が誕生したわけです。

公立校の校長をやることについては、たいていの人が反対しました。リクルートとは風土が180度違うし、僕のマネジメントでは通用しないだろう、と。でも、大方の人間が反対することにこそ、次代の真理が隠されているものなのです。

結局、学校を開く二大手法である「学校支援地域本部（現在は地域学校協働本部）」と「よのなか科のアクティブ・ラーニング手法」が和田中で開発され、全国に波及しました。前者は3万校の公立小中学校の1万校以上に普及し、後者は文部科学省の政策として、大学と高校の授業手法の手本になっています。

やってみなければ、わからないものですね。

●52歳（2008年）名刺を捨てて「教育改革実践家」を名乗る

なぜ、校長を5年で辞めたんですか？……とも聞かれます。

これは、初めから5年契約だったからです。任期付き任用だった。でも、ちょうど区切りも良かったのかな。逆に言うと、一から学校を変えて開いていくには3年では足りなかったと思います。2016年からの奈良市立一条高校での校長就任は2年の契約。もうコツがわかっていたからです。

杉並区立和田中学校の改革は何百回とテレビでも新聞でも報道されましたから、教育改革(特に学校を開かれたものにして地域社会と共同経営するスタイル)を象徴するものになりました。ですから、和田中の校長を卒業した52歳からは、良い機会だったので、長年親しんだ名刺を捨てて、持たないことにしました。サラリーマンの場合、組織に属してその肩書きを名乗ることにプライドを賭けるのですが、そのスタイルを改めたのです。会社の知名度や地位を笠に着て名乗るのは、自分の名を名乗るのに、他人のブランドを借りているようなもの。それでは、自分プレゼンにならない。

物理の言葉で言えば、「**位置エネルギー**」(自分がその組織のどれほど偉いポジションにいるか)ではなく、「**運動エネルギー**」(自分には何ができ、何をビジョンとしているプロなのか)で表現したかったということになります。

それからは「教育改革実践家」を名乗ることにしました。

「教育評論家」では、評論するだけで責任を取らない無責任さが匂いますし、自分は「教育者」と言えるほど人間的な高みに立ってはいないからです。

でも、「校長は天職だね」と言ってくれた友人もいました。

人生のモードを変える3つの方法

ここまでずっと僕の半生を足早に振り返ってきたわけですが、いかがだったでしょうか?

この序章だけをサッと読んでもわかると思うのですが、もし、ちょっと最近調子が悪いなとか、流れを変えたいと思っている読者が「モードを変えよう!」とするなら、3つくらいの方法があることが、はっきりしています。

(1) 病気を武器にすること
(2) 海外に出ること
(3) 自分の思いや悩み、不安に思うことを書いてみること

この3つが有効だということがわかると思います。

そのためには、45歳前後が、抜群のタイミングだと言っておきましょう。

今の場所で日常通りにやっていると、いくら気分を変えて「明日からは頑張るぞ!」と言っても、人間は置かれた環境に弱いものですから、つい、いつものモード

に流されてしまうものなのです。

だから、思い切って、病気を味方につけて時間のモードを変えてみる、海外に出て場所のモードを変えてみる、その前に、自分の気持ちや考えを文章に書いてみて自分の視点のモードを変えるのが、利くわけです。

場所変え。つまり、参勤交代のようなものですよね（笑）。モードを変えるために、自分から参勤交代するのです。

もし、僕が歌舞伎の家系か継承必至の奈良のお寺に生まれたら、あるいは両親ともにトップアスリートの家に生まれたら、こんなに中途半端だらけの人生にはならなかっただろうと思います。両親が、「運命づけられた子ども」として、僕の人生を決めつけてくれたでしょう。それなら迷いはない。

でも、「運命づけられていない子どもたち」は、両親から人生を決めつけられることはありません。だからこそ、その中途半端さに迷い、悩み、不安になり、さらに漂いながら、ズレまくるんだけれども、それを「遊び心」と「戦略性」で乗り切れば、人生を自己決定できる喜びを味わうこともできるのです。

僕は、1%の「運命づけられている子どもたち」より、99%の「運命づけられていない子どもたち」にエールを送りたい。

自由だということは、エーリッヒ・フロムが『自由からの逃走』で論じているように、実は恐ろしいことなんです。でも、適当な「無謀さ」を発揮して楽しめば、これ以上のゲームはないんじゃあないかな、とも思うのです。

藤原家は、藤原鎌足や不比等と連なる名門の家系ではないのですが、まったくの偶然から奈良の登大路に居を構えてみると、同じ「下がり藤」が家紋の春日大社に守られ、藤原家由来の興福寺に守られながら暮らしているのも、ズレまくった末の因縁のようにも感じられます。

徹底的にズレまくると、本来因果のあるところに戻ってきて、自信を持って相撲ができる土俵が形作られる。

肝心なのは、ズレることを恐れないこと。

第1章

40代で「キャリアの大三角形」を描こう
——「人生の自由度」を高めるたった1つの方法

自分自身を「レアキャラ化」しよう

40代からの自分の人生を確固たるものにしていくには、自分の価値を上げていくことが大事になります。

では「価値を上げる」とは、いったいどういうことでしょうか。

「デキる存在になる」「ナンバーワンになる」「カネを稼げる」「あこがれの的になる」「常に注目を浴びてマスコミに追われる（笑）」……など、いろいろ連想できそうですが、私はひと言でいうと「希少性を高める」ことだと考えています。

自分の「希少性」を高める。ゲームでいえば、自分を「レアキャラ化」することです。たとえばポケモンは、戦って経験値を上げることで進化を重ね、最終的には特殊な（レアな）能力を持ったキャラとして生まれ変わります。

スマホゲームの「Pokémon Go」が流行して以来、街じゅうのある地点で、大人たちが立ち止まってスマホを必死で操作している風景を目にするようになりました。彼らは、ポケモンスポットに出現するレア度の高いポケモンをゲットしようとしているのです。レア＝希少であることは、日常の大人の行動をこんなにも変えてしまうものなんですね。

ゲームの世界と同じように、現実の世界でも、自分の「レア度」を上げるにはどうすればいいでしょうか。

よく「自分探し・自分磨き」として資格取得のための学校に通ったり、投資を始めてみたり、留学をしたりすることが推奨されています。もちろんそれらも有効かもしれませんが、「現状でも手いっぱいな上に、どうやって新たなことをやるんだ」と言いたくなる人もいるでしょう。いっぽう、特殊な趣味の分野については誰よりも知っているから「レア」だというのも、少し違います。身につけた知識がレアでも、自分自身がレアキャラでないと意味がないのです。

伝統芸能の家元や超一流のアスリートなど、幼い時からそのキャリアを運命づけられた人（そもそもレアな人）でない限り、自分をレア化するには、試行錯誤しながら自分なりのキャリアを切り拓いていくしかありません。

そのためには、**身につけたキャリアを**「**掛け合わせ**」、**進化させていく**ことです。ちょうどポケモンのキャラが進化していくように。それぞれのキャリアは特殊ではなくても、掛け合わせ方によって、100万人に1人、オリンピックのメダリスト級の存在になることができます。

大事なのは、大勢の中を競争して勝ち得た「100万人中第1位」になるのではないということ。99万9999人を打ち負かして縦のピラミッドの頂点に立つ必要はないんです。自分なりのセンスや持ち味でカスタマイズした「100万人に1人」の存在になること。誰もまだ立っていない場所を見つけて旗を立てちゃえばいいんです。ほかの99万9999人にはない希少性こそが、自分を導くキャリアの指針となるのです。

3つのキャリアの「掛け算」＝キャリアの大三角形とは？

自分のキャリアを掛け合わせて、100万人に1人の存在になる。

これを実現するための考え方として紹介したいのが、「キャリアの大三角形」です。三角形は、3つの点と辺とで成り立っています。これから40代いっぱいくらいの期間で、3つのステップ（点）を踏み、それらを結んで、できるだけ大きな三角形を描ききることをめざしてください（ここからは、〔図1〕を見ながら読んでください）。

①まず初めの5年から10年で、ある分野の仕事をマスターします。

1つの仕事をマスターするのに、一般的には1万時間かかると言われます。営業でも経理でも、1万時間取り組めば、100人に1人くらいの希少性が得られるでしょ

［図1］「キャリアの大三角形」を作ろう！

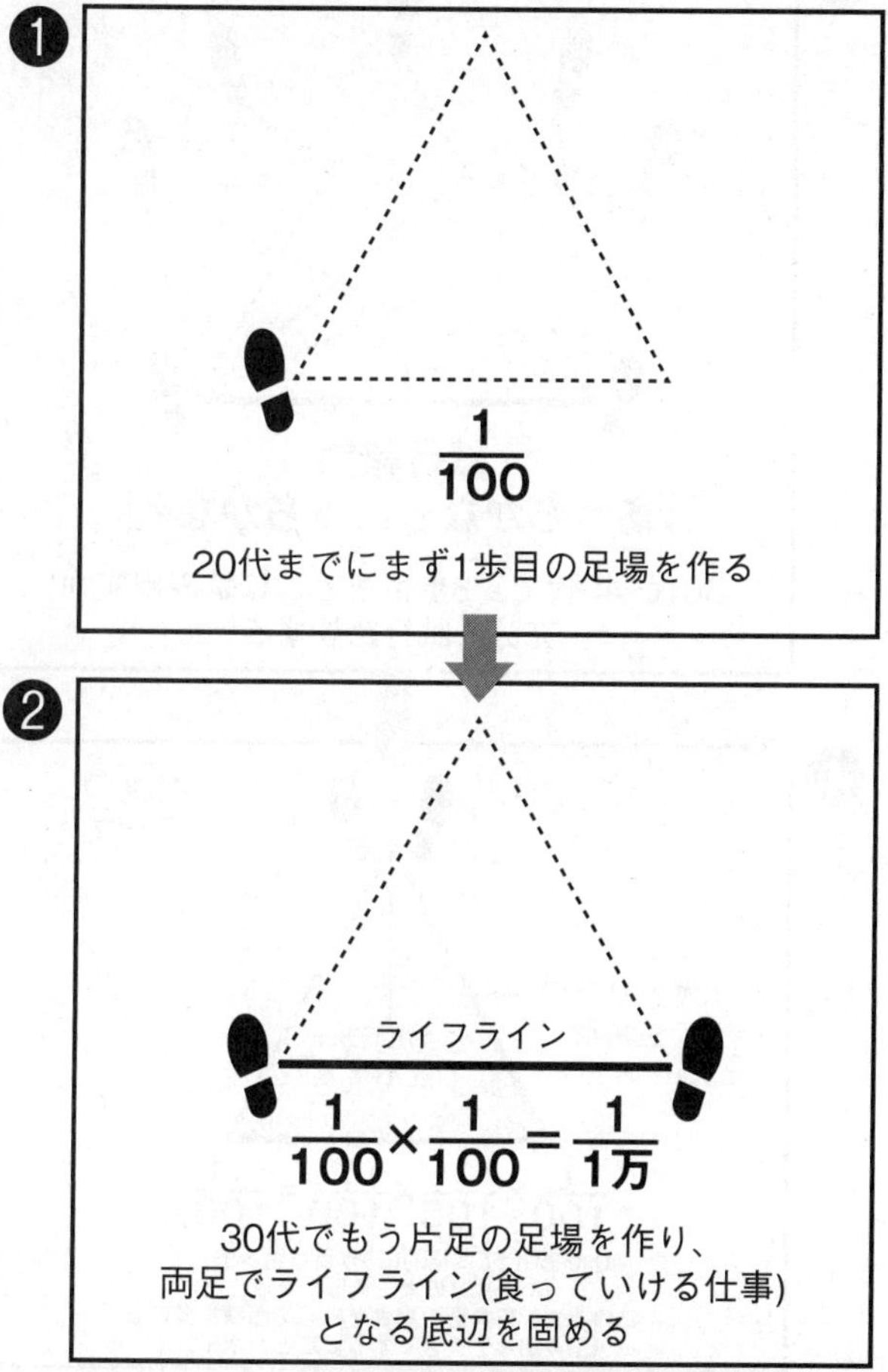
1
$\frac{1}{100}$
20代までにまず1歩目の足場を作る
2
ライフライン
$\frac{1}{100} \times \frac{1}{100} = \frac{1}{1万}$
30代でもう片足の足場を作り、
両足でライフライン(食っていける仕事)
となる底辺を固める

❸

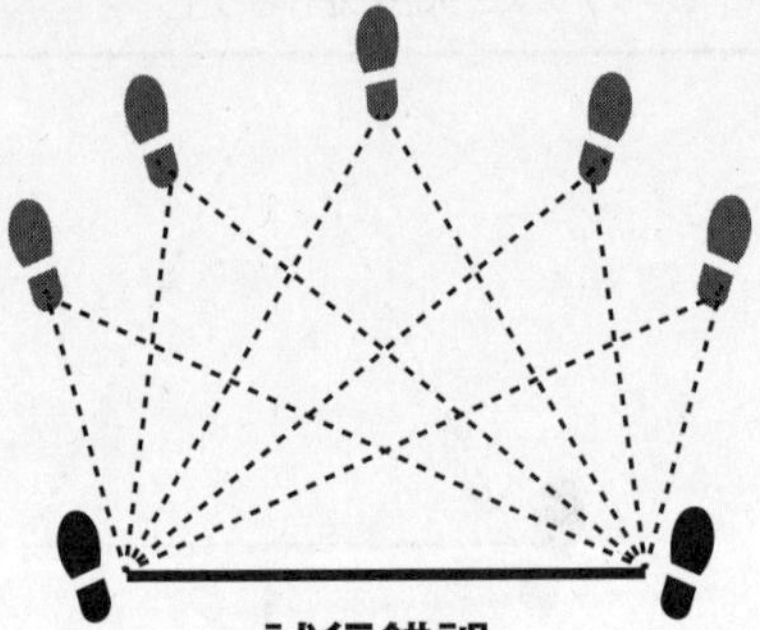

試行錯誤
「あっちかな? こっちかな?」

30代~40代で、3歩目をどこに踏み出すか
充分に試行錯誤する

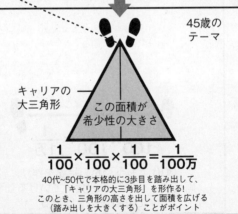

❹

45歳の
テーマ

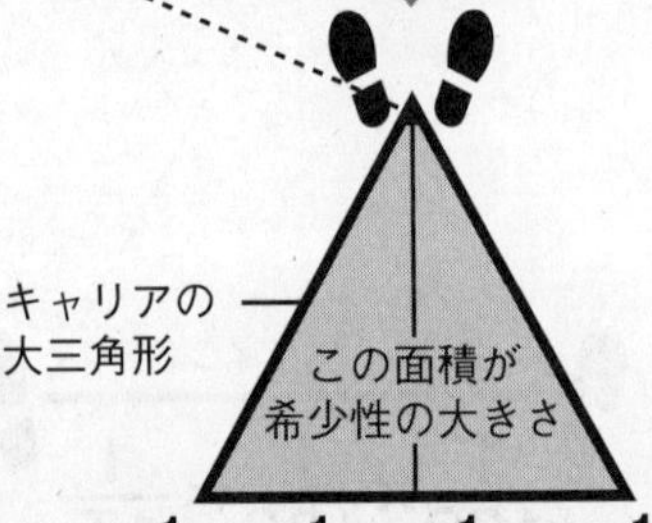

$$\frac{1}{100}\times\frac{1}{100}\times\frac{1}{100}=\frac{1}{100万}$$

40代~50代で本格的に3歩目を踏み出して、
「キャリアの大三角形」を形作る!
このとき、三角形の高さを出して面積を広げる
(踏み出しを大きくする) ことがポイント

5

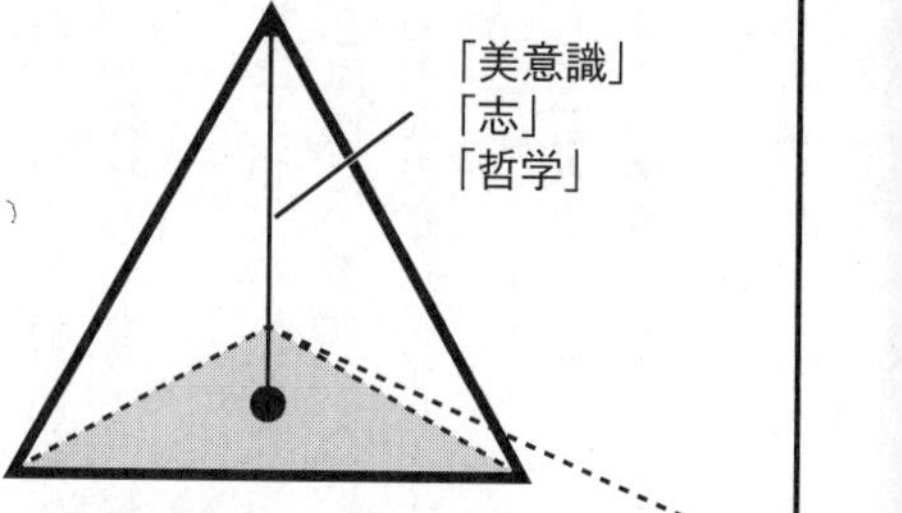

さらに3D化(立体化)

50代~60代では、
「キャリアの大三角形」を底面として 3D化(立体化)を図る

6

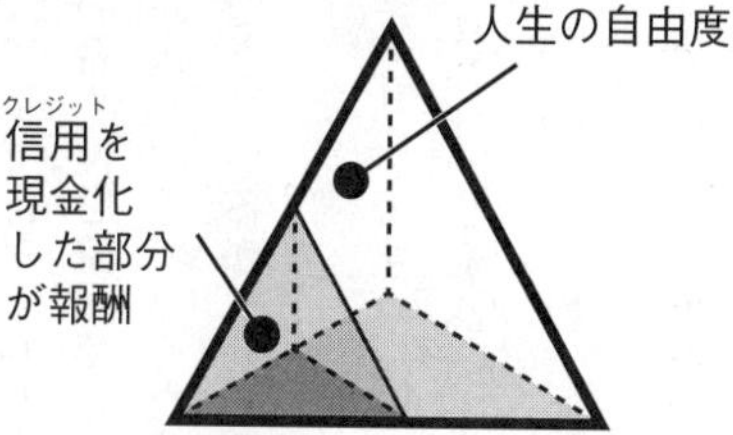

三角錐の体積=信用(クレジット)

完成形。信用(クレジット)は、
他者から与えられた「信任」の総量。
これを積み上げていくことが 勉強や仕事の目的

う。これが1歩目、左足の足場、三角形の基点になります。

②次の5年から10年で、違う分野の仕事をマスターします。

ここでも100人に1人の希少性を手に入れれば、①で得た100人に1人の希少性と掛け合わせて、1/100×1/100＝1万分の1人の希少性を確保できたことになります。これが2歩目、右足の足場となり、三角形の底辺＝生きていくための下地が決まります。40代なら、もうすでに、ここまでは到達できているかもしれません。

③3歩目は、40代から50代にかけて作る3つ目のキャリアです。

①②と同様に、100人に1人の希少性を得られれば、1万分の1×1/100＝100万分の1人の存在になれます。

④こうして踏み出した3歩目が三角形の頂点となり、描いた三角形の大きさが、自分のキャリアの希少性を表します。

⑤ここからは、描いた三角形を三次元化します。

平面だったキャリアの総量に「高さ」をつけるのは、自分の生き方に対する「こうありたい」という意志や哲学性、人生を描ききる美意識のようなものと言えます。

⑥ここで立ち上がった立体が、自分の人生のクレジット（社会や他者から得てきた信頼や共感の総量）で、自分が生きる上で自由に活動できる領域、人生の自由度を表します。

この立体（信用の総量）の一部を現金化したものが報酬です。残りは、報酬を目的とせず自由に活動できる領域で、60代以降の人生の豊かさを示す部分でもあります。

次から、①〜⑥をもう少し詳しく説明しましょう。

①　1歩目：片足の足場を作る

最初は「事故」かもしれないけれど

社会人としてのキャリアをスタートさせたその瞬間から、100%自分のやりたい仕事や役割を与えられたという人は、ほとんどいないでしょう。大多数の人は、「○社目を回ってやっと受かった」「本当は開発の仕事をしたかったけど営業になった」

「本社勤務が希望だったが支社に配属された」「すぐに研究ができると思ったら資料集めからだった」など、多少の「こんなはずじゃなかった」という気持ちを抱えたことがあるのではないでしょうか。

めでたく念願の職業に就いたとしても、与えられた権限ははるかに小さく、まだまだ修行中の身であることを実感する場面は多くあります。ぼんやりとしか見えていなかった仕事の裏側を知り、失望したり期待外れだったりすることも少なくないかもしれません。

後を継ぐことが決まっている二代目や、代々続く老舗や家元の生まれでもない限り、幼い頃想像していたものとはまったく違う仕事に就いているのが現実でしょう。仮に跡継ぎとして約束された地位が用意されていても、「オヤジのやり方は古い」「本当はこの仕事は嫌だ」など、また別の不満があるかもしれませんね……。

つまり、ほとんどの人にとって、キャリアの1歩目は、自分の実力というよりも、**当時の経済状況や運といった「偶然」**によるところが大きいと言えます。実際、バブル経済の時期とその後の就職氷河期を見てもわかるように、企業の新卒採用の様相はまったく変わりました。

しかしそこで「しょせん自分の運はそんなものだ」「どうせ自分は恵まれてはいな

い」と斜に構えるのではなく、営業なら営業、経理なら経理と、与えられた仕事に対して真摯に向かい合ってみることが大切だと思います。「自分が特別に運が悪かったわけではない」と半分は時代のせいにして、目の前の仕事にとにかく真剣に取り組めるかどうかが、社会人としてのキャリアをスタートさせる最初の試練になるでしょう。

初めの就職は、出合い頭の「事故」かもしれないけれど、その偶然をどう生かすか。意識しながら1万時間を経たあとでは、積み上がるキャリアはずいぶんと変わってくるはずです。

1万時間の持つ意味

前に述べたように、仕事でもなんでも、ある1つのことをマスターするのに必要な時間は、だいたい1万時間だと言われています。たとえば営業職について、1日7時間働くとすれば、約4年で営業の仕事を習得できる計算になります。ちなみにどの国でも、義務教育のトータルはだいたい10年、1万時間弱です。

自分の主となる1つ目のキャリアを積み重ねながらも、ほかの場面で少しずつ時間を使って、2つ目のキャリアを同時に磨いていくこともできます。総務の仕事をしながら経理にも詳しくなりたい場合、10年計画でそれを達成したいなら、年間でプラス

1000時間が必要となります。1日ならおよそ2・7時間。通勤時間と昼休みを足せば、それくらいの時間はできるでしょう。週末にまとめて時間を確保したり、ときには休暇を利用したりすれば、もっと早くマスターできるかもしれません。

「仕事は毎日やることだから、特に意識しなくても普通に働いていればマスターできるのではないか」という考え方があります。半分はそうでしょう。しかし半分は違います。

一流の音楽家やスポーツ選手を見るとわかりますが、彼らが一流なのは、そのレベルに至るまでの膨大な時間の積み重ねがあるからです。たとえばイチロー選手は、ほかのどの選手よりも基本練習をするそうです。そういった地道な練習を持続してきたことが、メジャーリーガーとして第一線で活躍できる技術やプレーにつながっているわけです。

仕事のキャリアもそれと同じで、1歩目を確立するのは、才能や資質より時間の持続、つまり続けることが大きいでしょう。途中で上司に恵まれなかったり、異動や転職を余儀なくされたりすることがあるかもしれませんが、まずは1つの仕事を続けることを意識していきましょう。

「自分にピッタリの仕事があるはず幻想」をやめる

「せっかくキャリアを積むのなら、自分にピッタリ合った、面白いと思える仕事がしたい」と多くの人は考えると思います。

しかし、少し考えてみてください。自分にピッタリの仕事とは、果たしてどういうものでしょうか。「やりたいことが自分に合っている」仕事でしょうか、それとも「給料などの条件面が希望通り」な仕事でしょうか。「ユニフォームがよく似合うね」と言われる仕事でしょうか。

また、どうやったら自分にピッタリの仕事に就けるのでしょうか。一般的な就職活動とは違った、特別なコツや探し方があるなら、ぜひ知りたいところです。

そもそも、「自分にピッタリ」かどうか、どうやったらわかるのでしょう。

結論を言うと、私は最初から「自分にピッタリ」の仕事など存在しないと考えています。それなのに、「自分に合う仕事がどこかにあるはず」と思い込んでいるから、短期間に転職を繰り返したり、「合わないからやってられない」と投げやりになったり、「どうせ面白い仕事なんて見つからない」とあきらめてしまったりするのです。

いっぽうで、仕事が面白くてたまらないという人、いつもイキイキと働いている人は確実に存在します。それには理由があります。彼らは、仕事を通して多くのことを吸収し、ときには失敗もしながら、与えられた課題や使命に応えられるよう、自分自身を変える努力をしているのです。

そして同時に、仕事のやり方そのものも、自分に合う形になるように変えている。

自分を変えながら、仕事も変えていく。そうやって、仕事を「自分のもの」にしていくと、やがて「自分にピッタリ」の仕事になります。そうなってきたら、仕事はがぜん面白くなってくる。「仕事にパワーを注ぐ」というより「仕事からパワーをもらう」ようになりますから、1歩目をマスターするまでのスピードはグンとアップするでしょう。

ときどき、「Aという会社とBという会社のどちらを選ぶべきでしょうか」という相談を受けることがありますが、選択以前に、自分のキャリアをベストなものにできるかどうかははっきり言って自分次第です。置かれた環境に不満を言う前に、まずは自分から行動してみることをおすすめします。

仕事は、最初から自分に合う「完成品」として市場に出回っているものではありません。たとえ同じ職業に就いていても、それを自覚している人とそうでない人とでは、仕事の成果や面白さはまったく違ってくるでしょう。

自分のキャリアタイプを見極めておく

みんなが豊かさを求め、同じ目標に向かって進んできた成長社会では、達成したいキャリアの方向性も、ほぼ1つの領域に集中していました。

しかし、人の価値観や生き方が多様化した成熟社会では、それぞれが異なった幸せを追求していくようになります。そのような社会の中で自分がどのような生き方をめざしているのか、キャリアの初めの段階で確かめておくとよいでしょう。1つの基準となる図（［図2］）を紹介します。

この図の縦軸は「働き方についての志向」、横軸は「大事にしたい価値観」を示しています。縦軸は、上に行くほど「権力志向」で、下に行くほど「プロ（独立）志向」が強いことを示します。横軸は、右側に行くほど「経済的価値（給料、年収、お金）」を重視し、左側に行くほど「経済以外の価値（家族、友達、個人的な活動、社会貢献）」を重視しています。

2つの軸で分けられた4つの領域のうち、**Aは「経済的価値を重視した権力志向」**のタイプ。簡単に言うと「出世したい志向の強い人」です。成長社会では、多くの人がこの領域でトップに立つことをめざしていました。

Bは「経済的価値を重視したプロ志向」のタイプ。組織に属することには執着しな

［図2］　あなたはどのタイプ？──「価値観×志向」別マトリックス

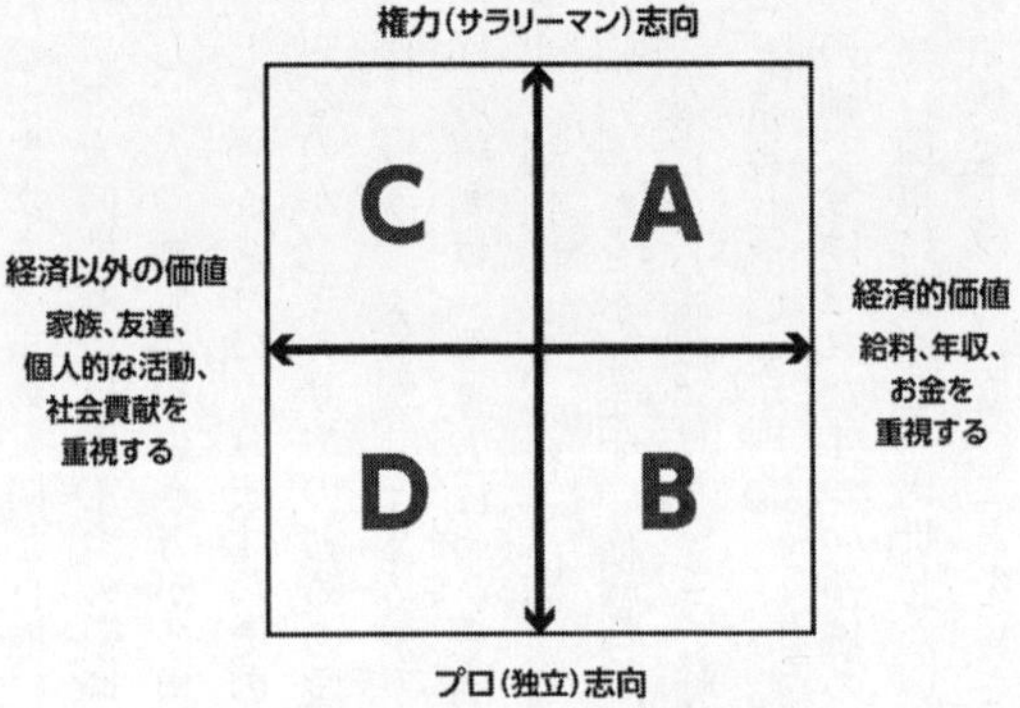

い、独立心の強い技術者や自営業的なタイプと言えます。起業家になる人もいるでしょう。

Cは「経済以外の価値を重視しつつも権力志向」のタイプで、上意下達の組織で生きる、公務員や団体職員のようなタイプです。

Dは「経済以外の価値を重視したプロ志向の人」。職人や研究者に近いタイプと言えるでしょう。

幸せの基準は人それぞれですが、大きく分ければ、誰もがこの4つの領域のどこかをめざしていると言えます。仕事で出会う人を比較対象にするなどして、自分がだいたいどのあたりに位置するのか、アタリをつけてみましょう。

なお、自分のタイプはずっと同じとは限りません。「初めは出世ありきのAタイプだったが、異動で調査部門に配属されてB寄りの志向になってきた」「管理職に就いたことで、CタイプからAタイプの価値観に変わってきた」など、キャリアが進むにつれて変わっていくのが自然です。ときどき見直して、自分が今どんなポジションにいて、どちらの方向をめざして働いているのかを意識しておくとよいでしょう。

②　2歩目：もう片方の足場を作る

2歩目のキャリアを深化させてみる

初めの1万時間をクリアし、キャリアの1歩目が固められたら、次は2歩目のキャリアを確立させていきます。

「2歩目」を踏み出すきっかけは人それぞれでしょう。たとえば別部署に異動になったり、後輩ができて指導的な役割を担うことになったり、さらに大きなプロジェクトを任されるようになったりしたときなどが、その典型かもしれません。予算や人事に関われるようになり、自分が動ける範囲が広がっていくと、それまで気づかなかったことにも目がいくようになります。ステージが1段階上がって視野が広がったことで、

「次はこうしよう」と、2歩目を踏み出す先も見えてきそうです。

まったく違う分野への異動や転職も、ほぼ間違いなく「2歩目」でしょう。また、組織の統廃合や吸収合併によって、自分の意思とは関係なく所属先が変わった人も、2歩目の軸足をどこに置くかを意識せざるを得なくなります。結婚によって家族が増えたことや、病気になって別部署への配置転換を願い出たなどの個人的な事情を抱える人も、2歩目をどう踏み出すか、考える必要が出てくるでしょう。

ここで大切なのは、自分が描く理想のコースにこだわりすぎないことです。変化の激しい成熟社会では、今まで「正解」だったものが、これからもそうであるとは限りません。また、**異動や配置転換が自分の納得いかないものだったとしても、「自分がダメだからだ」と思い込み過ぎないようにしましょう。**誰かが下した判断や査定が、自分のすべてを決定づけるものではないからです。その意味で、置かれた状況に必要以上にこだわらず、「そんなものだ」と切り替えるクールさも必要です。その上で、「どう考えても違う」というのなら、転職など別の道を検討してみてもよいでしょう。

なお2歩目は、まったく違う仕事でなくてもかまいません。1歩目が経理の仕事だったとしたら、次は財務を覚えて税理士や会計士をめざすとか、開発だったら、もっと専門的に細分化した特定の分野を攻めていきたいだとか、1歩目と隣り合った関係にある仕事でもよいと思います。

2歩目が1歩目と違うのは、最初のキャリアで培った経験や技術を応用できることです。私が公立高校の校長を2年の任期で引き受けたのは、その前、5年間の公立中学校での経験を持っているから。学校改革を進めるときに起こる問題とその解決方法を知っているからこそ、2年で改革できると判断したわけです。

自分を語れる「言葉の力」を磨く

2歩目を深化させていく中でぜひやってほしいのは、自分の考えを語る「言葉」を身につける努力をすることです。そのためには、ぜひ本を読むことを習慣化してほしいと思います。

「自分の言葉なんてとっくに身につけている。プレゼンや会議も多くやっているし不自由はない。メールやSNSでも文章はお手のものだ」と言うかもしれません。たしかに、日常生活は言葉なしでは成り立ちませんからね。

ですが、プレゼンや会議で使う言葉は、仕事の場でしか通用しないビジネスワードで占められてはいないでしょうか。頭の上を飛び交うカタカナ語の意味を日本語に翻訳してみたことはあるでしょうか。組織の中でしか通用しない言い回しを使って、相手が戸惑った経験はないでしょうか。

メールやワープロソフトも、言葉の一部を入力すればすぐに最適な定型表現や文章例を提示してくれ、一から文章を考えることも少なくなりました。SNSで文章を書くといっても、ツイッターは140字。LINEはほぼ会話ですから、短文のやりとりに終始することが多いはずです。気を遣う面倒臭い場面は、絵文字やキャラを使えば穏便に済ませられますよね(笑)。

多様な価値観があふれる成熟社会でキャリアを積んでいくには、自分はどういう人間で、何をめざし、どういう考えを持っているか、相手に伝わるように語れなくてはいけません。それには、自分を客観視し、わかりやすい言葉で表現することが必要になります。

いくら素晴らしい考えを持っていても、それを言葉で表現できなければ、何も考えていないのと同じです。本を読み、目の覚めるような言葉に出合ったり、胸にたまったモヤモヤした感情を「それだ」と見事に言い表してくれる一文を目にしたりすることは、自分の考えをより明確にしてくれます。

また、自分の思っていたことを、様々な著者がそれぞれの言い方で述べているのを読むことは、自己肯定感を高めてくれる貴重な体験です。

本を通して幾多の著者と語り、多様な世界で生きる人の人生や思考を追体験することで、だんだんと、借り物でない自分の言葉が積み上がってきます。言葉を獲得することは、もっとクリアに見えるレンズを手に入れたのと同じで、自分が見たり感じたりしたことを、的確に表す武器になります。同時に、世の中のことがもっと緻密に理解できるようにもなるでしょう。

そのことは、物事を多面的に見る感覚を身につけることにつながります。つまり、物事を上手に疑ってみること＝クリティカル・シンキングの視点が自然に身につくのです。

自分の言葉を確立させることは、流れの速い成熟社会を乗り切るオールを手に入れること。千円単位の投資で確実にそれ以上の効果が得られる読書を、成熟した大人の習慣としてぜひ身につけてほしいと思います。

「自分リストラ」で「いい人」をやめる

2歩目のキャリアを積み上げる中、同時に進めてほしいことはもう1つあります。それは、自分自身をリストラすることです。

経済が拡大を続けた成長社会では、よりよいモノ、車、家を求め、皆が消費にいそしんでいました。しかし経済が縮小に転じた成熟社会では、そのような価値観は、もはや「ダサいことの象徴」になっています。同じモノなら、新品でなくても中古品で充分。誰もが知っているブランド品より、個人の作家の一点物の方がオシャレ。週末の外出くらいなら自家用車がなくてもレンタカーで間に合う。自転車ならもっと健康的——。若い人の間では、すっかりそういう価値観が定着しました。

数年前から盛んになった「断捨離」、モノを持たずに暮らす「ミニマリスト」の登場も、あふれるモノを整理して自分に必要なものは何かを見つめる成熟社会型のライフスタイルの1つに思えます。

では、早速自分リストラに取りかかりましょう。合い言葉は、「**捨てる、止める、避ける、断る、逃げる、減らす**」です。持っていても使わないモノはどんどん「捨てる」。モノに限らず、人間関係でも一緒です。これからもほぼ接点がないのに義務的に送っている年賀状、前の職場を去るときにもらった寄せ書きなどは、このさい整理してもかまわないのではないでしょうか。

また、あまり好きではないけれどなんとなく続けてきた趣味などは、一旦「止めて」みることをおすすめします。結果にコミットしてもらおうと始めたジム通いも、実際は、通勤を自転車でする方がよほど運動になるかもしれません。

　定期的に集まることだけが目的になっている同僚や知り合いとの食事会、マンネリ化したイベントの誘いも、参加する意味が見いだせないなら、このさい一旦「避けて」「断る」のも大事でしょう。休日の勉強会も、あとの飲み会が目的となってしまっているのなら、理由をつけて断りましょう。

　自分を困らせる人、いつも迷惑やもめ事を持ち込んで来る人からは「逃げる」のが得策です。自分を責めたり罪悪感を持ったりせず、軽やかに逃げましょう。日頃の不満が鬱積して「このままでは夫（妻）にブチ切れしてしまう」というときは、一泊くらいどこかに身を隠してみては。離れることで、冷静さが取り戻せます（その後の保障はいたしかねますが……）。

　毎日やることが多くてくたびれきってしまうなら、それらを「減らす」ことで、セルフケアの時間を作りましょう。ＳＮＳの閲覧や投稿も減らします。他人がどんな暮らしをしていても、自分にはまったく影響がないことを実感できるはずです。

　もう「いいね」のために生きるのは止めましょう。

「こんなことをして嫌われないだろうか」「ダメな奴と思われないだろうか」と不安

に感じるでしょうか。ですが、無理をしてまでも「いい人」でいることが、自分の人生にとってよいものにつながるかどうかは疑問です。それどころか、心身に良くない影響を及ぼすことの方が多いのではないでしょうか。

キャリアの3歩目を思いきり遠くに踏み出すには、自分の荷物は少ないほどよいのです。今の自分に必要なものを厳選し、身軽になって、跳ぶ準備をしておきましょう。

人間関係は「ベクトルの和」で考える

キャリアを積んで仕事の権限や裁量の範囲が拡がるにつれ、新たな人間関係も出来上がっていきます。それまでは自分1人が対応すれば済んでいたことでも、チームで取り組んだり、関係各所との調整が必要になったりすることが増えるでしょう。「自分だけだったらうまくいくのに」「相手を説得するのは面倒臭いな」と感じることも多いかもしれません。部下と上司、現場と管理職、営業と開発など、2歩目の地固めにあたる時期はとかく人と人との間で苦労することが多い時期でもあります。

そういった場で、何がなんでも自分の言い分や利益だけを通そうとすると、相手を半ば強引に説き伏せたり、譲歩してもらったり、行動を制限したりする必要がありま す。狙い通りに説得や作戦がうまくいけば相手は折れてくれるでしょう。しかしいっぽうで、相手の能力や良さを発揮する場が失われます。また、希望とは異なる結果を受け入れることになりますから、不満やわだかまりが残ります。

逆に、相手の要望や目的を100％受け入れれば、釈然としない気持ちが自分の側に残ります。それでも、要求をどれだけ呑ませたか、予算がどれくらい通ったかという「勝ち負け」で考えたら、これは仕方のないことです（[図3－1]）。

このように相手と対峙するような形ではなく、相手の志向と自分の志向とを最大限に活かそうという姿勢で物事に臨んでみると、人や仕事に対する発想がガラリと変わります。私はそれを「**ベクトルの和**」**が達成された状態**と呼んでいます（[図3－2]）。

人はそれぞれ、独自のエネルギーの強さと方向性を持っています。数学で言うなら「ベクトル」です。「ベクトルの和」とは、互いのベクトルが違うことを前提に、両者のシナジー効果が最大になる地点を共通のゴールにする考え方です。

このような発想で他者と力を合わせていけば、自力で物事に取り組むより、強力なエネルギーを得られます。また、自分の発想やパワーだけでは到達できない、新たなフィールドが拓ける可能性も大です。

相手に対して「勝とう、負けまい」と構えるのではなく、相手のパワーをテコのように使ってみる。武道をイメージするとわかりやすいのですが、柔道の無差別級の試

［図3－1］「ベクトル合わせ」がうまくいかないと……

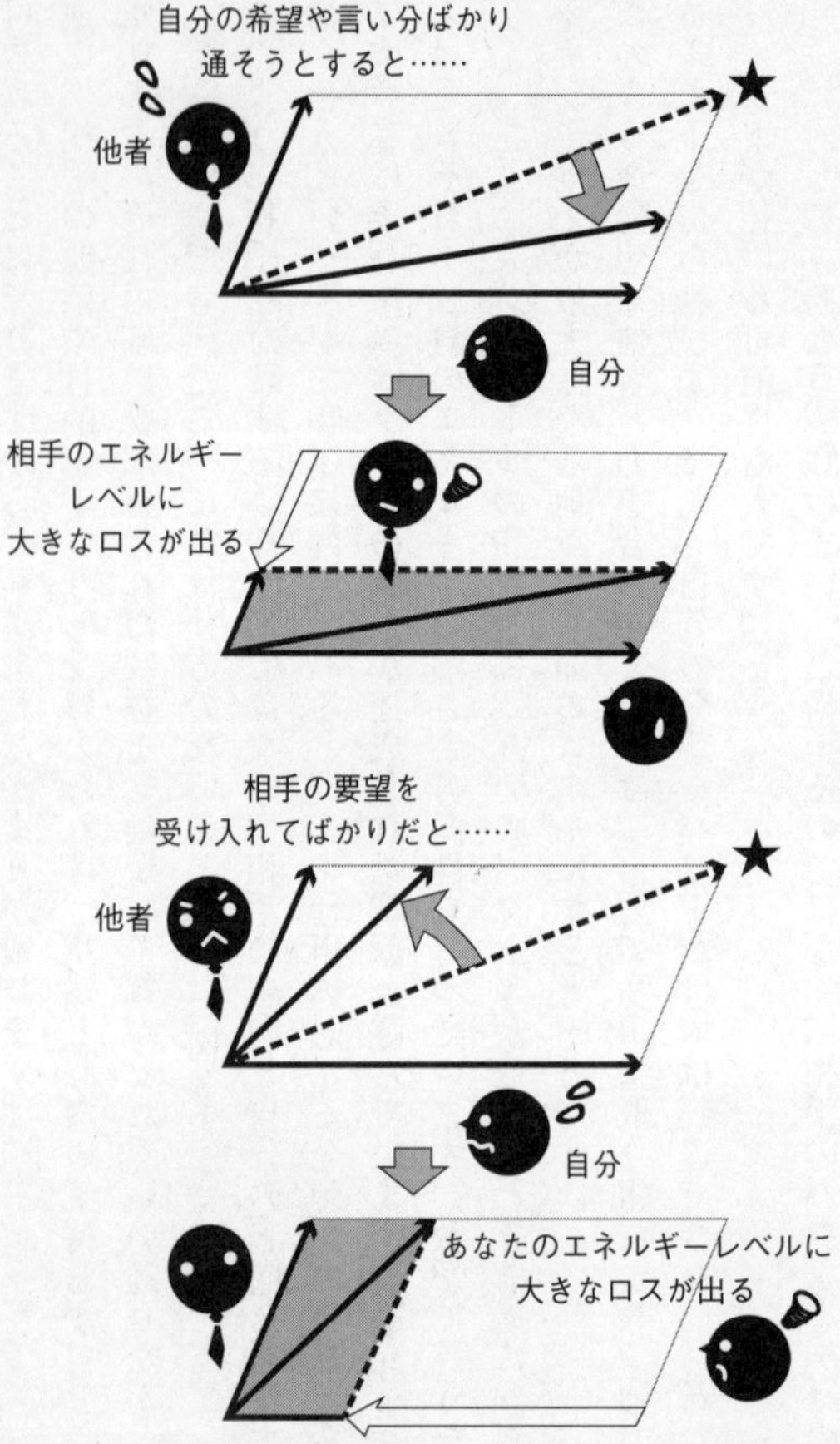
自分の希望や言い分ばかり
通そうとすると……
他者
自分
相手のエネルギー
レベルに
大きなロスが出る
相手の要望を
受け入れてばかりだと……
他者
自分
あなたのエネルギーレベルに
大きなロスが出る

[図3-2]　ベクトルの和が最大になる「ツボ」

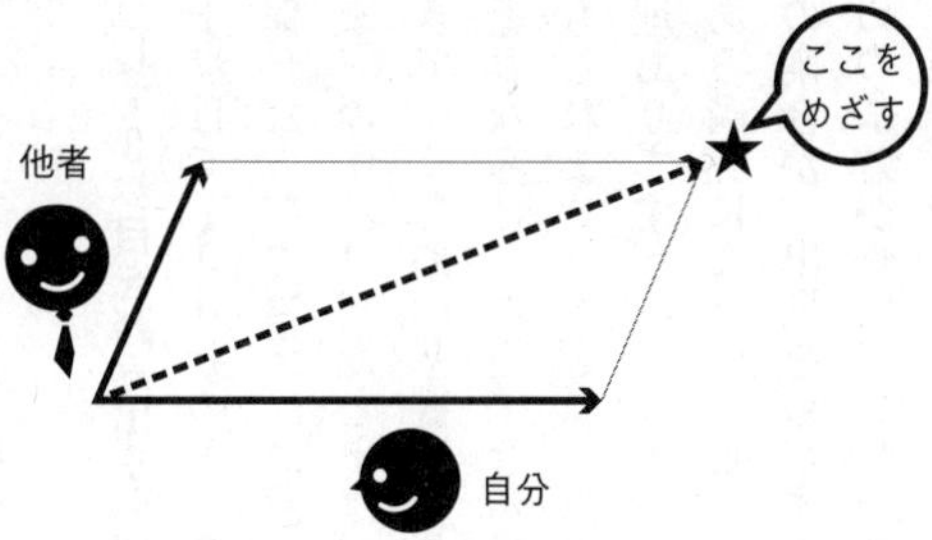

合で、小さな選手がいとも簡単に大きな選手を投げ飛ばせるのは、相手の隙を突いて、もっとも力が伝わるタイミングで技をかけるからです。相手の重さや力の方向性も利用しながら。合気道もそうですね。

農家のおじさんや宅配便のドライバーが重いコンテナをひょいひょい上げられるのも、筋力がずば抜けているというより、その重さを利用できる力の入れどころがわかっているからなんですね。

相手の力を上手に利用すれば、たとえ自分が非力でも、予想以上の結果が出せます。勝ち負けで言えば「負け」なのかもしれませんが、それは本質ではありません。

「ベクトルの和」で考えれば、周囲ともっと豊かな関係を築くことができるはずです。

③　3歩目をどこに踏み出すか、充分に試行錯誤する

どうして3歩目を踏み出す必要があるのか

1歩目で100分の1の希少性を確保し、2歩目でさらに100分の1の希少性を確保したら、1/100×1/100＝1万分の1の存在にまで自分を「レア化」できます。ここまで達すれば、たとえば、小さな町で1人くらいの希少性は確保できていますから、生きていくための基盤はできたと言えるでしょう。

「それならば、あえて3歩目のキャリアを見つけなくてもいいのではないか」と思うかもしれません。「多くを望めばキリがない、今の状況でそこそこ満足だ」。たしかに一理あります。

ある調査によれば、ビジネスパーソンの出世意欲が変化し、**出世したいと思わない人の割合が、出世をめざす人の割合を上回る年齢は42・5歳**だそうです。生きていくための基盤が整い、これからどこをめざすか、何を目標にするか、立ち止まって考える時期なのでしょう。

そこから40代半ばになると、自分のキャリアの終わりを意識する人が半数を超える

そうです。体力の衰えを自覚したり、以前よりも自分が成長できていないと感じたりして、仕事への意義を見失ってしまう人も多いことがわかっています。50代後半になると、ポストオフ（役職定年）を迎える人も多くなり、ますますやりがいが見えなくなってくる。

それでも今後は人手不足や少子高齢化で、労働人口は不足し、労働寿命はしばらく延び続けるでしょう。そんな中、40代半ばでピークを迎えて以降、成長の実感や手応えを感じられないまま数十年間を過ごすことが、豊かな人生であろうはずがないでしょう。

私の場合、リクルート時代の最初の5年で営業とプレゼンの技術を磨いて「1歩目」の足場を確保したあと、その後の10年でリクルート流のマネジメントをマスターし、「2歩目」を固めました。この2つの掛け算で、1万人に1人の希少性は確保したことになります。この後私は会社を辞めて、自営業者としてリクルートとプロ契約を結びました。

ですがこのままでは、後から輩出される若手たちによって、私の希少性はどんどん下がっていくだろうということも予想していました。そこで「営業とプレゼン」×

「マネジメント」の式に、もう1つ、決定的にユニークなキャリアを掛け合わせようと考えたのです。

試行錯誤の結果、私は公教育の分野に踏み出し、学校教育の改革に取り組むことを選びました。そして東京都で義務教育初の民間校長となり、5年間の任期を務めたことで、1万人に1人から100万人に1人、オリンピックのメダリスト級の1人となりました。

3歩目を踏み出したことで、私は、自分の人生が一気に鮮明になったと感じています。

3歩目を決めるには、試行錯誤があっていい

「3歩目」を踏み出すにあたって、一発必中をめざす必要はありません。私自身、非営利の教育の分野に飛び込んでみるまでには、数年間の試行錯誤がありました。

3歩目の候補として私は「教育」「住宅」「介護を中心とした医療」の3つを考えていました。そのうち後者2つでも、会社を起業したり、ほかの企業に資本参加したりして、あれこれとチャレンジを続けていました。

踏み出してみるからには失敗できないという気持ちはあるでしょうが、それについては、あまり考えすぎない方がよいと思います。むしろ、バスケットボールでいう「ピボット」のように、「こっちの方向かな?」「いや、こっちかもしれない」と、試しに片足を踏み出してみることで、「こっちに踏み出したら転びそうだ」とか「こっちならしっくりきそう」という、自分のカンどころがわかってくるものです。

成熟社会における変化の波は激しく、先を正確に予測することは困難です。「どの方向に踏み出せばいいのかわからない」とあれこれ考えるより、とにかく動いてみることをおすすめします。多少の失敗も含め、試行錯誤しながら興味の範囲を広げていくことで、最初はぼんやりとしていた「3歩目」の方向も、だんだんとはっきりしてくるでしょう。

また、意に沿わない部署に配属されたとか、子どものPTAの役員に選ばれたなどの「偶然」が、自分を思わぬ世界に引き合わせてくれることだってあります。友人に誘われて出た勉強会や趣味の集まりが新たな扉を開いてくれる可能性もあるでしょう。体調を崩したことをきっかけに食の安全に詳しくなったり、ペットを飼ったことで動物保護の活動を始めたりなど、予想もしなかった方向に進むことになるかもしれません。

試行錯誤の期間は、3歩目を大きく踏み出すための「助走」だと考えてみてください。

「組織内人生」は本当に安全なのか

「3歩目」を踏み出す際に、今いる組織に留まる方が安全ではないかと考える人もいるかもしれません。果たして本当にそうでしょうか。

規模の大小に関係なく、組織にいることの大きなリスクは「上司」の存在です。サラリーマンである以上、上司が間違いなく幸せの半分のカギを握っていると私は考えています。そして40歳よりも45歳、45歳よりも50歳と、年齢が上がれば上がるほど、リスクはドンドン大きくなります。

若いうちは、たとえ直属の上司と気が合わなくても、異動や配置転換で環境が変われば、新しい上司からチャンスをもらうことができます。しかし、昇進するにつれて異動できる場所は限られていき、評価を下す上司の顔ぶれもだんだん決まってきます。

そして晴れて部長になったとき、常務や専務と合わなければ、「アイツはダメだ」と烙印を押されて「終わり」。一度下された評価は二度と覆らないまま、退職までの長い時間を過ごすことになります。キャリアの「3歩目」も、小さくならざるを得ないでしょう。

組織の中で生きることを選び、上をめざす道ももちろんあります。私はその道を進むことを否定はしません。ただしそうなら、取締役にまで上り詰めることをめざすべきです。

日本の企業社会はあまりこのことに触れませんが、たとえ気心の知れた同期であっても、いっぽうが取締役、片方がただの管理職であるとき、両者の間には、身分や待遇に関する歴然とした差があります。スポーツで言えば、選手とオーナーほどの違いがあると言っていいでしょう。そこまで上り詰めれば、会社人生は成功をみるのです。

しかし、そこに適性を発揮できる人が実際にはどれくらいいるでしょうか。実のところ、7～8割くらいの人は向いていないのではないかと私は思います。であるなら、もっと多様なフィールドで、自分に向いている場所に早く足を向けた方がいいかもしれません。

「転職・独立」と「組織に留まること」のリスクは、40代半ば以上からは、ほぼ同じと考えてもいいのではないでしょうか。

「モードチェンジ」の練習をしておく

いよいよ3歩目を踏み出そうとする前までに、やっておきたい大事な準備がもう1つあります。

できればここまでの間で、小さな「モードの変更（モードチェンジ）」を数回、体験しておいてください。仕事や生活に大きな変化もないままに過ごしてきて、40代でいきなり「転職」「独立」などの体験をするのは、とてもたいへんなことだからです。

たとえば女性の場合、髪を切るとかファッションを変えてみるなど、普段の生活の中に、軽い「モードチェンジ」の機会が比較的多くあります。結婚をして名字が変わることや、子どもが生まれて母親となることなど、まるっきり新しい世界が始まるくらいのモードチェンジも体験可能です。

しかし男性は、意識して「モードチェンジ」をしないとなかなか難しい。髪形を変えるにしてもバリエーションは限られますし、服装にも限界があります。

自分の置かれる環境や生活の変化を受けとめられるようにするには、社会生活をあえて「演じてみる」くらいの意識を持ってもいいかもしれません。妻（夫）の顔、子どもに対する親の顔、同僚に対する顔、上司や部下、取引先への顔、趣味のサークル内での顔。それらは全部違うはずです。場面場面で自分が他人にどんな顔をしているか、どういう顔をしてみせているのか、普段と違う視点でとらえてみるといいでしょう。

もちろん、仕事の上でモードチェンジが体験できていればそれに越したことはありません。私の場合は、20代で3回ほど仕事上での異動を体験し、そのたびにモードチェンジを求められました。30代ではメニエルになり、それまでのモーレツな働き方を変えるきっかけとなりました。40代でリクルートを辞めてからも、先に述べたように、教育・介護（医療）・住宅の分野での起業・廃業を経験しました。

このように、仕事を通してモードを変える練習をしてきたことで、まったく畑違いの学校教育の分野に飛び込んだときにも、スムーズに溶け込み、改革ができたのだと思います。「本当の自分はこうであるはずだ」という幻想にとらわれ、頑なにモードを変えないと、自分の市場価値を読み違え、ここぞというときのチャンスをつかめないこともあります。

いつもの駅の1つ手前で降りて歩いてみるとか、昼休みに行く場所を変えてみるとか、まずはそんなちょっとしたことでもいい。40代までの間に、変化に耐えられる準備をしておくことが、その後の人生に効いてくるでしょう。

「運動エネルギー型の履歴書」を書いてみよう

そうはいっても、3歩目をどう踏み出せばよいのかわからないなら、転職の意志の有無にかかわらず、これまでの自分の「履歴書」を書いてみることをすすめます。

このとき、「新規事業の室長を務めた」「営業部の次長に就いた」というように、自分がどんな部署にどんな役職でいたかという「位置エネルギー型（Be）」の経歴ではなく、「連携不足の解消に組織横断的な役割を買って出た」「不足していた○○の技術を補うために部内に専門部署を作った」など、自分がどんなことをしてきたかという「運動エネルギー型（Do）」の実績を書いてみてください。そうすると、今後自分はどこに力を入れるべきか、どの部分をさらに深めればよいか、エネルギーの矢を放つべき方向性が現実感をもって見えてくるでしょう。

その結果が「同じ仕事をもう一度深掘りすること」になってもかまいません。大事なのは、自分のキャリアを棚卸しして、不要なもの、必要なものを明確にすることだからです。たとえば営業を一通りやって接待の経験があるのなら、休みの日をつぶして社内接待に時間を使うより、仕事の専門性を高めるための時間を持った方がいいとか、法務の仕事をやりたいから著作権関係の勉強をしたいとか、自分のキャリアに肉付けすべきこと、逆に削除すべきことがはっきりわかればいいのです。

そうすることで、三角形の頂点、つまり「3歩目」をどこに踏み出すかが、おのずと見えてくるはずです。

④　本格的に3歩目を踏み出して「キャリアの大三角形」を作る

3歩目は「情報編集力」がモノをいう

2歩目までを固め、人生の基盤ができ、充分に試行錯誤を重ねてきたら、いよいよ3歩目を踏み出します。3歩目には、今まで自分が蓄積してきた経験からくる、ものの見方や価値観、センス＝情報編集力がそのまま反映されます。その意味では、今までの自分の人生のすべてが凝縮されると言ってもいいでしょう。

では、情報編集力とはどういうものでしょうか。それを示したのが、次頁の図4です。

この図は、成熟社会を生きるために必要なチカラについて示しています。まず左側の「情報処理力」。これは、学校教育が長年担当してきた狭い意味での基礎学力のことです。漢字の書き取りや計算問題など、より多くのことを覚え、「早く」「正確に」正解を出せる力で、ＡＩが圧倒的に得意な分野でもあります。

進学校の高校生や高学歴タレントが登場して正解を競うクイズ番組などは、まさにこの「情報処理力」をエンターテインメント化した典型です。

[図4] 情報処理力と情報編集力の比較

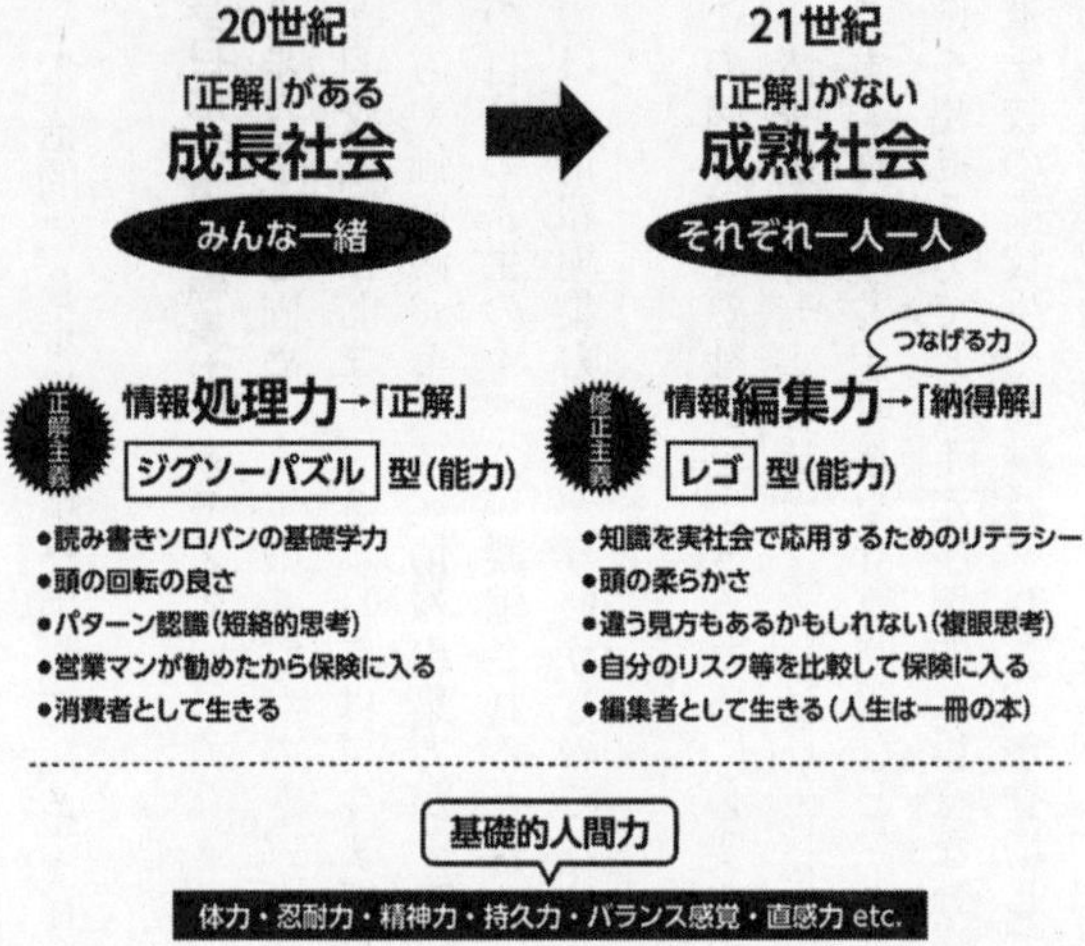

次に、右側の「情報編集力」。正解がないか、正解が1つではない問題に対して、思考力・判断力・表現力を駆使して仮説を創り出し、自分を含めて関わる人がみな納得できる「納得解」を導き出せる力です。

成熟社会には、「納得解」を求められる場面が非常に多くあります。いや、それしかないと言っても過言ではないでしょう。「夫も妻も忙しくて子どもを充分にみる時間がない。どう役割分担すればいいか」という身近なことから、「高度生殖医療はどこまでが許されるか」「日本は教育予算を増やすべきか、医療費や防衛費とのバランスはどうか」といった領域まで、あらゆる智恵を動員し、解を導く必要に迫られます。

情報処理力が、誰かによって定められた完成図に従って、早く正確にピースを当てはめていく「ジグソーパズル型」の能力なら、情報編集力は、ピースを自由につなぎ合わせ、自分の世界観を作り上げる「レゴ型」の能力と言えます。

そして2つのチカラの土台となるのが「基礎的人間力」。家庭教育をベースに、学校時代の部活や行事などの様々な経験を通じて育まれるものです。社会人以降は、所属するコミュニティでの体験など、メインのキャリア以外の複線的な活動を通しても培うことができます。

これまでの日本社会では、「情報処理力」と「情報編集力」を9：1の割合で身につけておけば、たいていの場面で通用していました。しかし成熟社会を生き抜くには、この割合を7：3くらいにしておく必要があります。実際、これから情報処理力をいくら鍛えても、AI武装したロボットには太刀打ちできないでしょう。

それよりも、自分の経験やセンスが生きる情報編集力を磨いた方が、キャリアを高める上ではるかに賢明なのです。

キャリアの「掛け合わせ」は無限大

私は以前、村上龍さんと「13歳のハローワークマップ」というものを作ったことがあります。これは、「自然と科学」「旅と外国」「生活と社会」「アートと表現」「スポーツと遊び」の5つの領域を基準に、世の中の仕事を星座のようにマッピングした地図です。「13歳のハローワーク」公式サイト内（https://www.13hw.com/map/aboutmap.html）で見られます。

普段私たちは、自分が考えているよりも狭い世界の中で生きています。たとえば自分の仕事が、ほかの職業とどれだけつながりがあるかを書きだしてみましょう。営業なら、関わる業界の取引先や関連会社くらいでしょうか。多国籍企業の場合でも、だいたい同じ関係図の国違いバージョンになりそうです。まして自分が直接関わる部分はそこまで多くないでしょう。

「13歳のハローワークマップ」を見ると、自分が普段関わっている分野以外にも、実に多くの職業があることが視覚的にわかります。また、必要とされなくなった職業が姿を消すいっぽう、新しい職業がドンドン生まれていることにも気づきます。マップを見て、たとえば「おっ、マタギなんて珍しいな、よし、なろうかな」と遊んでみるのもよいですが、3歩目の「掛け合わせ」の候補として、これだけの可能性があり、新しい世界が拡がる余地が充分にあるのだということを感じてほしいのです。

たとえば「ネイルアーティスト」は「ネイル」と「アート」の掛け合わせによって生まれた職業です。女性にとって、爪のオシャレはもっとも身近で簡単にできるものの1つですが、斬新なのは、そこに「アート」を持ち込んだ点です。それまでは美容部員的な存在だったものが、一気にイメージが変わり、1つの職業として成り立つようになりました。

若者をはじめ、幅広い世代に人気の「お笑い芸人」。文学賞受賞者をはじめ、最近は「元お笑い芸人の学校教師」や「元お笑い芸人のコンサルタント」「元お笑い芸人のファイナンシャルプランナー」まで登場しています。芸人の世界で生き残っていくのは非常にたいへんですが、1万時間をクリアしているなら、2歩目、3歩目の踏み出し方次第で、新しい境地を拓く可能性は充分にあります。

ほかにも、たとえば最初、ツアーコンダクターの仕事に就いたとします。1万時間をクリアした頃、そろそろ旅行の手配や添乗に飽きが出てきました。そして、小さい頃から好きだった犬に触れ合う仕事をしたくなり、ツアコンのときの貯金を使って動物看護師の資格を取得し、犬のプロとして1万時間仕事をしたとします。1歩目が「ツアーコンダクター」、2歩目が「動物看護師」、掛け合わせて「犬も一緒に旅行ができる専門のツアコン」もアリではないでしょうか。

高齢者の楽しみの1つに旅行がありますが、同時にペットを飼っている人も多いですから、一緒に旅行ができるとしたら、予想以上に申し込みが来るかもしれませんね。「介護福祉士」×「動物看護師」なら、高齢者のケアもしながら、飼っているペットの介護まで引き受ける施設を開所することもできます。これなら、高齢者も安心してペットと暮らすことができる。

このように、キャリアの掛け合わせは無限大にあり、これが正解という答えはありません。だからこそ、これまで自分が磨いてきた「情報編集力」が生きてくるのです。

これから残る仕事、なくなる仕事を考えてみる

今後、AIが急速に発達するにつれ、人間がしていた仕事がどんどんAIを搭載したロボットにとって代わられ、やがて人間の脅威になるのではないかと議論されています。3歩目を考える上でもこのことを無視するわけにはいきません。

では、どんな仕事がなくなり、どんな仕事が残るのでしょうか。「鉄道」を例に考

えてみましょう。

駅の改札にはかつて、切符に鋏を入れる「切符切り」の仕事をする駅員がいました。しかし自動改札の導入で姿を消し、今では、改札はスマホをかざせば通れるものになっています。「運転士」の仕事も、コンピュータ制御による無人運転の導入が進めば必要なくなりそうです。

それに対して、「車掌」の仕事は意外と生き残ると考えられています。急病人の対応などの突発的な事態や、想定外の状況が発生した場合、柔軟に対応できる多機能ロボット（ＡＩ）が開発されるには、まだ相当な時間がかかるからです。

このように考えていくと、どういう仕事が生き残るかが見えてきます。ＡＩが高度化すればするほど、人はより人間らしい仕事をするようになり、人間としてより必要な智恵や力、人にしかないぬくもりが求められていくのです。

１９７７年に第1作目が公開され、9作を数える一大ＳＦ映画の『スター・ウォーズ』は、その時代ごとに最新の撮影技術が使われ、近年はコンピュータによる高度なＣＧが駆使されています。実際に画面を見ても、惑星や宇宙空間、アンドロイドなどの描写に驚かされるばかりです。

しかし、そんなＡＩワールド全開の中で展開するのは、父（母）と子の絆、人種を超えた友情、男女の愛など、古今東西のあらゆる作品の中でずっと変わらず語られてきた、本質的な人間の物語です。観客は最新の映像にひかれているようで、実際は普遍的な人間の物語に感動を覚えているわけです。

ところで私は頸椎症を長年わずらっていて、これまでありとあらゆるマッサージ器を試してきたのですが、どんなに最新の技術も、整体師やマッサージ師が持つ、人間の繊細な指の技術には叶わないなと体感しています。手のひらの柔らかい感触や、汗で少し湿った感じ、さすってもらったときの温かさや、ツボをぐっと押してもらう時の痛（イタ）気持ち良さ。機械的にプログラムされていないものが治療に果たす役割は少なくないと感じるのです。

もっと言えば、「治療」はAIでもできますが、「治癒」は人間の方がはるかにスゴイ力を持っていると思います。病に伏せって心細いとき、誰かに支えてほしいとき、そこに温かな人の笑顔や手の感触があれば、どんなに安心できるでしょう。

AIの発達は、人間の人間らしさをより際立たせる働きがあるのです。

なお、1つの仕事の中にも「AIに取って代わられる部分」と「生き残る部分」が存在します。自分が今やっている仕事がどちらの部分にあてはまるのか、よくよく考える必要があるでしょう。

残業削減、ワークライフバランスなど、いわゆる「働き方改革」が話題になっています。世代間で比べると労働時間が長いと言われている40代にとっては気になることでしょう。

仕事を「時給」で考える

自分のキャリアを考えるときに私が提案したいのは、**今の仕事でもらっている報酬を「時給」に換算してみることです。**

日本の時給は、コンビニでのアルバイトの800円からマッキンゼーのシニアクラスのコンサルタントの8万円まで、100倍の差の間のどこかに当てはまります。ちなみに会社員は、平社員から取締役までだいたい2000〜5000円です。1万円以上（エキスパート）、あるいはそれより上（プロ）をめざすなら、組織内での役職や月給よりも、時間あたりの市場価値を意識すべきです（［図5］）。

また、労働時間と賃金のバランスも検討が必要です。たとえ月給が2割上がったとしても、3割長く働いていたとしたら、効率は悪化していることになります。「だったら時間あたりの効率を高め、時給を上げよう」という発想に自然となるでしょう。

［図５］　日本人の時給はこんなにも違う！

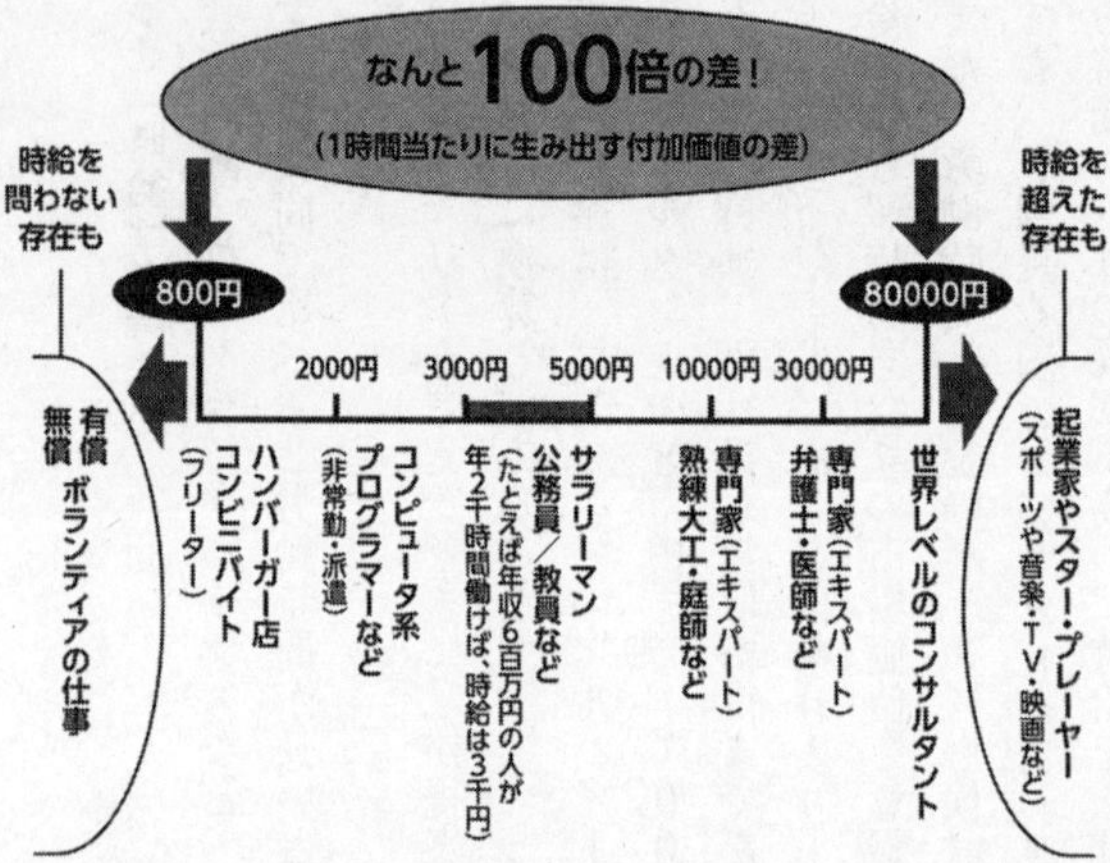

「もっと稼ぐには、もっと働かないと」というのは、経済が拡大し、何もしなくても全員の給料が自動的に上がっていた成長社会の発想です。

成熟社会では、いかに効率よく仕事を終わらせ、できた時間でどう自分のキャリアを充実させられるかが勝負になってきます。時給で考えることで、政府主導でない、自分のための「働き方改革」ができるのです。

なお、次の一歩を踏み出すためにどこかに通って勉強している間や、踏み出してからしばらくの間は、収入面では以前より下がると考えた方がいいでしょう。足場が固まるまでの期間は、自分への「投資」ととらえ、リターンは後から回収するという発想に切り替えましょう。

あえて「不利な勝負」に打って出よ

私自身の経験から言えるのは、1歩目、2歩目の軸足がしっかりしているなら、とにかく思いきり「3歩目」を踏み出してみること。民間校長として改革に取り組むことは「無謀で」「不利な」挑戦だと言われましたが、そうであればあるほど、世の中の人は応援してくれることも実感しました。

「得をしよう」と思っていたら応援は得られないし、「失敗したくない」と計算し過ぎたら、絶対に跳ぶことはできない。2017年、「新しい地図」の3人が、ネットで72時間の生番組に挑戦しました。元SMAPの彼らは皆40代。まさに「無謀で」「不利な」勝負だったけれど、世の中の多くの人に応援され、復活を印象づけました。その後も彼らは映画や歌など、次々に活躍の場を取り戻していった。40代のキャリアを考える上で、象徴的な出来事に映りました。

また、「自分1人で戦っているのではない」という発想も、ぜひ持ってほしい。

私は、「藤原和博」という存在の後ろに、いつも150人くらい応援してくれる仲間がいると感じています。何かを企画したり、やってみようと考えるとき、すぐに手を貸してくれる身近な人たちです。

私は教育の分野で「自分が1人で」何かをしようとしているわけではなく、150人の仲間とつながった「自分ネットワーク」で改革に挑戦しているのだと思っています。私という存在はいわば「アバター」で、仲間たちは、私が次は何をするのか、どんな手を打つのかに興味を持ち、ワクワクしながら面白がってくれています。ですから、ゲームのボス戦のように、不利な状況であればあるほど、コントローラーを叩きながら「フジハラ！　頑張れ」とエネルギーを送ってくれている。

だから、負ける気がしません。

後から偶然知ったのですが、ヒトの脳が作れる群れ（仲間）の人数は、脳が現在の大きさになった60万年ほど前から、ずっと変わらず150人程度なのだそうです。実際、アフリカの狩猟採集民族の集団規模は150人前後だとか（*イギリスの人類学者・進化生物学者、ロビン・ダンバー氏が提唱した「ダンバー数」）。

私は年に1回、「自分ネットワーク」を見直して更新する習慣を続けています。たとえば年賀状を書くとき、思い浮かぶ人の数はどれくらいでしょう。そのうち、顔と仕事の内容が一致する人、言葉を交わさなくても意思疎通ができる人は何人いるでしょうか。

星座盤のように「自分ネットワーク」を描き出していくと、孤独な戦いなんて存在しないことがわかるでしょう。

⑤　描いた三角形を「三次元化」する

三角形を立体にするのは自分の哲学性や美意識

3歩目をできるだけ大きく踏み出し、描ききった三角形の面積の大きさが、自分のキャリアの希少性を示すものとなります。また、後から説明する「クレジット（信頼と共感の総量）」の基盤ともなります。

この三角形の大きさが大きいほど、つまり自分のキャリアの希少性が高ければ高いほど、活躍できる範囲、関わることのできる権限は拡がります。仕事の上でも、誰かの指示に従って与えられた業務を遂行する場面よりも、自らがイニシアチブをとって進める方が多くなります。そのぶん、より主体的に動くことができるので、仕事がもっと楽しくなり、仕事を通じて得られるものも多くなるでしょう。

希少性の高さはまた、他者から求められる機会の多さになって自分に返ってきます。自分を売り込むためにあれこれ苦心することや、仕事を得るために不利な条件に妥協することが減り、相手の方から「あなたと仕事がしたい」「このプロジェクトにぜひ力を貸してほしい」「次の企画に力を貸してくれないか」とオファーされる機会が増えるでしょう。相手の条件を呑むことより、自分の希望を出して検討してもらうことの方が増えるかもしれません。

希少性が高ければ、自分がさらに伸ばしたいキャリアの方向に合う仕事を選ぶことができるようになるのです。

このような形で仕事ができるようになってくると、次は、自分のキャリアをどのように高めていくかを考える余地が出てきます。キャリアを積み重ねていくことで、社会にどう貢献していきたいか、自分の人生をどのような価値あるものにしていきたいのか。そういった信念やポリシー、自分なりの哲学、美しい生き方や、価値あるものはこれだと決める美意識が、ここからの自分の行動を決める指針となるでしょう。

これが「立体化」です。

「三角形を立体化する」とは、自分の希少性を社会の中で実現し、具体的な貢献を果たしたり、成果や活動の軌跡を残したりすることだと言えます。

フランスには「ノブレス・オブリージュ（身分の高い者がそれに応じて果たすべき社会的な責任と義務）」という言葉がありますが、精神性という意味では少し似ているかもしれません。いずれにしても、三角形の「高さ」を出していくのは、徳を積むなど、宗教的な祈りに似た行為なのです。

パートナーとの「団体戦」もできる

少し話が戻りますが、キャリアの大三角形をどう作り、どのような方向に立体化していくかということは、場合によっては自分1人だけでなく、誰かとユニットを組んで達成していくことも可能です。

たとえば、カメラマンとデザイナーでパートナーを組み事務所を経営する、老舗の旅館の経営を跡取りの夫が務め、現場は妻が仕切る、専門性の高い職種の妻が国内で仕事をして、夫は子どもの留学に付き添って海外生活を送るなど、自分と相手のキャリアの掛け合わせ次第で、いくらでも勝負できると思います。

そう考えると、結婚（パートナーを得ること）の意味合いも少し違ってとらえることができるかもしれません。自分だけではうまくいかなくても、**パートナーが「3歩目」を跳ぶスピードを加速させる**存在になりえるからです。

その逆の例としてよくあるのが、夫婦の間で、子育て期間中は家庭がうまく機能しているのに、子どもが成長して保護者の手を離れたとき、2人の間に対立が生まれたり、逆に、会話がさっぱり成り立たなかったりすることです。子どもを育てている間は、2人の目的が「子育て」で一致していますから自然に力を合わせることができます。子どもの敵（たとえば、ちょっと合わない学校の先生：笑）が共通の敵になるから、戦っている間だけ戦友意識が芽生えるからです。

次の2歩目、3歩目のお互いのキャリアのことまで考えが及んでいないと、この戦友意識がとたんに機能しなくなってしまいます。

子どもが生まれ、成長を見守ることはたしかに感動的で、家族の絆を一時的にも強めるのですが、子どもが自立してから以降の人生も相当に長い時間があることも意識しておくべきでしょう。

⑥ 積み上げたクレジットによって人生を豊かにする

40代以降に大きく育てていくべきものとは

三角形を3D化してできた立体の体積は、他者から得られたクレジット（信頼と共感の総量）を示します。前に説明したように、立体が大きければ大きいほど、活躍できる場所が広がり、自分の人生の自由度や選択肢が広がります。

この一部を現金化したものが「報酬」で、残りの部分は、自分の人生を豊かにするために活動できる自由度を示します。たとえば、利益を目的にしない社会的な活動をやってみたり、そのような活動をしている団体に出資したり、新たに興味がわいた分野の調査にあてたり、そのほかにも様々なことができるでしょう。

今まで築いた人のつながりなどの社会的資本も活用して、新たな自分ネットワークを構築することも可能です。さらにそこで得たものを、自分のクレジットを増やす「元手」として使うこともできます。

ここでよく見ておいてほしいのは、**「クレジット」と「報酬」の関係**です。

報酬のことだけを考えれば、クレジットを全部換金すればいいでしょう。しかしそれだと、自分が自由に活動できる範囲がまったくなくなってしまいます。そのため、新たなクレジットを積み上げるための余裕が生まれず、報酬を今以上に増やすことも難しくなります。

報酬は決してクレジットより先に立つものではなく、クレジットがあってこそ手にすることができるもの。

報酬とは、もちろん仕事の対価として得られるものですが、自分が積み上げてきたクレジット（信頼と共感の総量）、言い換えれば「信用力」に対して支払われるものなのです。いくら能力や自信や実績があろうと、他者からの信頼と共感（信用）が得られないような仕事の仕方をしていたら、報酬はいつまでも増えることはないでしょう。

3歩目以降は、立体化した自分の人生をどのような形にしていくかを考えるステージになります。それこそが、つまりは「ライフデザイン」ということなのだと思います。

第2章

信用（クレジット）とは何か？——自分の「信用度」をチェックしてみよう

信用があるって、どういうことだろう？

世の中には、「信用される人」と「信用されない人」がいる。

各々の信用度に、仮に０％から１００％と偏差値のようなものを振ったとすれば、信用度０の人はお金を貸してもらえないでしょうし、信用度１００の人は1兆円でも借りられるということになります。

こうした金融的な信用のほかに、どれほどの仕事を任せられるかでも差が開きます。あなたが社長だとしたら、信用度０の人には仕事は任せられないが、信用度１００の人に多くの仕事を任せるだろうことは火を見るより明らかでしょう。

もっと身近な問題で考えてみましょう。友人がどれだけあなたの夢ややりたいことを実現するために動いてくれるかという場合でも、信用度30の人より信用度70の人を応援するはずです。つまり、信用される人の方が、より自由な人生を切り拓けるということ。世の中全体も、そんな仕組みで動いているのです。

だからここでは、「あの人には信用がある」とか「この人物は信用できる」というときの信用（クレジット）を「**他者から与えられた信任の総量**」と定義します。

大事なことなので繰り返しますね。

「**他者から与えられた信任の総量**」が大きければ、より大きな仕事を任せられるでしょうし、仕事を選ぶ選択肢の幅も広がります。だから、個人にとっては、「信任」されればされるだけ、「クレジット」量が大きければ大きいだけ、人生の自由度が高くなり、自分の夢やビジョンが実現しやすくなることになります。

信用（クレジット）は、いわば、ゲームにおける「経験値」。

人生ゲームを有利に進めるためには、勉強や仕事を通じて、これを高めておくことが必要だというわけです。

この章では、どうすれば信用（クレジット）＝「**他者から与えられた信任の総量**」をより多く蓄積していけるのかを具体的に検討していきます。

易しく言えば、「信用されるには、どうしたらいいのか？」という問いに対する答えです。

信用（クレジット）はまた、「信頼」と「共感」の関数でもあります。

他者があなたに信任を与えるときには、理性で信頼することもあるが、感情で共感することも欠かせないということ。しばしば、感情での共感が先行する場面も見受けられます。あえて数式で表せば信用（クレジット）＝f（信頼、共感）。
信頼と共感をゲットしたものが、この社会では力を得ると解釈してもらってもいいでしょう。

信用がある人の10カ条

中学生向けに書いた拙著『「ビミョーな未来」をどう生きるか』（ちくまプリマー新書／2006年）では、基礎編として、「高クレジット人間」のための10カ条を、次のように並べています。

第1は、挨拶ができる。
第2は、約束を守る。
第3は、古いものを大事に使う。
第4は、人の話が聴ける。
第5は、筋を通す。

第6は、他人の身になって考える。
第7は、先を読んで行動する。
第8は、気持ちや考えを表現できる。
第9は、潔さがある。
第10は、感謝と畏れの感覚がある。

「挨拶ができる」「約束を守る」「人の話が聴ける」は、今でも学校教育で先生たちが一番重視する三種の神器と言えるでしょう。あるいは親が子に教える家庭教育の大原則とも重なります。各項目について、少し解説してみましょう。

（1）挨拶ができる。
人間関係の基本ですね。
人間が社会を構成して生きる以上、グローバルにも第一の原則でしょう。

（2）約束を守る。
人間は社会の中で（たとえ家族同士でも友達間でも）様々な信用（クレジット）の取引をして暮ら

しています。待ち合わせに時間通り来るかどうかというように、お金が伴わない場合でも、信用をやり取りしているんです。

(3)古いものを大事に使う。

アンティークやヴィンテージのスポーツカーが好きというような意味ではありません。祖父が使っていた古い腕時計をしている人はなんとなく信用できますよね。新品を次々と消費する人より、大事に使うと価値が増殖することを知っているという意味です。

(4)人の話が聴ける。

コミュニケーションのリテラシーが高いこと。

コミュニケーション(Communication)の語源は「communis」というラテン語ですが、「伝達」という意味ではなく、「共有の」という意味なんです。

つまり、相手の話が聴けること、質問できること、自分と相手の共通点を見つけられることが大事なんですね。自分の考えや意志を一方的に伝えるだけでは、独り言の応酬になってしまって、相手と交流していることにはなりませんから。

（5）筋を通す。

ロジカル・シンキングのリテラシーが高いこと。

話が論理的でないと、たとえ感情的に共感されたとしても信頼はされないでしょう。グローバルな関係を作りたければこれが欠かせません。

また、「あの人の生き方には一本筋が通っている」というように、テーマのある人生、ライフワークを感じさせる生き方をしている人は尊敬される。

特に人生の後半には、この美意識や哲学性が大事になります。

（6）他人の身になって考える。

ロールプレイのリテラシーが高いこと。

様々な社会的役割をその人の身になって感じられるかということ。営業マンはお客さんのロールプレイ（役割演技）ができなければ商品を売れないでしょうし、編集者は読者のロールプレイをして、今だったら何を読みたいかを想像します。

世界中を放浪したり、たくさんのバイトを渡り歩いたり、あるいは大きな病気やハンディを克服して冒険にチャレンジしたり……様々な経験を積んだ「経験値」の高い人がリスペクトされるのは、その経験を通じて多様に他者をロールプレイできる視点を獲得しているからでしょう。読書も、多様な視点のロールプレイ効果がありますから、この武器を磨きます。

何事も、経験量の多い人にはかなわないということ。

(7) 先を読んで行動する。

シミュレーションのリテラシーが高いこと。

これが起こったら次はこんなことになるな、と推理を働かせられる人も信用されます。天気図の高気圧と低気圧の配置から「明日は雨になるでしょう」と予測する天気予報士が典型ですが、証券マンも「中国でこういうことが起こったから、日本にはこういう影響が出る」と推理して、だったらこの会社の株が上がるだろうというように、お客様にすすめることができなければいけない。

(8) 気持ちや考えを表現できる。

プレゼンテーションのリテラシーが高いこと。

学校の授業には「体育」「美術」「音楽」「技術・家庭」「情報」のような実技教科が

ありますが、これらはそれぞれの知識を習うというよりも、実は表現技術を学んでいると考えた方がよさそうです。自分の考えや思いを、体で（ダンスなどは典型的ですね）、スケッチや造形で、音やリズムで、手先で、コンピュータで、それぞれ自己表現できる技術を磨いているわけです。自分の考えをさっとイラスト図や漫画にできるビジネスパーソンは、仕事仲間と即ビジョンを共有できるので便利ですよね。

どの表現技術も、50億人がスマホでつながるユーチューブ時代には、あなたがアッという間に世界に評価されてメジャーになれる（信用が一瞬にして極大化する）可能性が高まります。ＰＰＡＰ（ピコ太郎がYoutubeで発表した動画作品）の世界的大ヒットがよい例だと思います。

もう、お気づきでしょう。

（4）（5）（6）（7）（8）の5つは、私が20年前から提唱している「情報編集力」の5つのリテラシーです。

（9）潔さがある。

超の付く高齢社会では、高齢者同士の評価として、また若者が先輩上司や年配者を見る評価としても、「潔さ」の観点がクローズアップしてきます。

自立（インディペンデントになること）が怖いからと、いつまでも会社や組織にぶら下がっている人は、後進に道を譲る「潔さ」がないと評価されるでしょう。

45歳はまさに、この判断の岐路になります。**「後ろの扉を閉めないと、前の扉は開かない」**という意味がわかるでしょうか？……組織で守られる立場を「辞める」というのは、人生における「潔さ」の表現。

前章をお終いにしなければ、次の章は始まらないのです。

(10) 感謝と畏れの感覚がある。

成熟社会が深まってくると、人間の宗教性が問題にされるようになります。

宗教性とは何か？……ひと言でいえば「感謝」と「畏れ」の感覚があるということ。

特定の宗教に帰依したり信徒になったりしなくても、この感覚は得られます。

何かいいことが起こったときに、それを自分の実力とだけ考えないこと。51％実力かもしれないが、49％は他者や環境や自然の力によってもたらされたとする気持ち。であれば、その利益も独り占めではなく、半分還元されるべきものになるでしょう。

いっぽう、その他者や環境や自然に対する「畏れ」の感覚も大事です。ヤバイことをやったら罰されるという「怖れ」ではなく、全体がつながっている中に自分がいるという真摯で謙虚な気持ち。自分を生かしてくれているすべてのものに対するリスペクトと言い換えてもいいかもしれません。

もちろん宗教を信じるのもかまわないのですが、そうした自覚ができるのなら、必ずしも、その対象を「神」とか「仏」と呼ぶ必要はないのかもしれません。

たとえ45歳になっても、この10個の原則が「高クレジット人間」の基盤になるということに、異論はそれほど出ないのではないでしょうか。

ですが、この章では、この10個の定性的な要因とは別に、数字で表される定量的な尺度についても、身近な例から検証してみようと思います。

信用（クレジット）を表す数値を多面的に検討してみる

ここからは応用編です。

信用（クレジット）という見えない価値を数字に表すとしたら、どんな尺度があるのか？

その本質を探るために多方面からトピックを採り上げて考えてみましょう。信用（クレジット）

の見える化（可視化）へのチャレンジです。

まず、私たち自身や身の回りの生活で数字で表されるもののうち、関わり合いがありそうなものを次々と挙げていってみましょう。

かなり極端な表現もしますが、信用（クレジット）の本質を浮き彫りにするためですので、念のため。また、リストアップしたものの中には差別や偏見に結びつくものもありますが、現実の社会で未だに起こっていることであれば、見過ごさないでおこうと思います。そうした差別や偏見を次の世代が乗り越えるためにも。

●身長と体重

まず、学校に入ると必ず「身体検査」があり、身長や体重を計ります。視力検査や聴力検査が加わることもありますが、あの調査票に並んだデータは、あなたの信用（クレジット）に関わるものでしょうか？

ちょっと考えたら、まず「身長」は関係なさそうですよね。でも、もしあなたがバスケットボールやバレーボールのような、身長が高いと有利なスポーツをやるときには、「身長が高い」というだけで仲間から信用（クレジット）を付与される可能性があります。

「体重」についても一見関係なさそうに見えますが、あなたが医療・健康機器や薬品・サプリを扱う仕事をする人だった場合、太り過ぎは顧客からの信用（クレジット）を損なう可能性があるかもしれません。

中年の太り過ぎタレントが「こんな風に筋肉質の体に変身しました！」と訴えることで、ライザップが一種のブームになっているのは、高いお金を払って健康を買っているというより、信用（クレジット）を買っていると言えるでしょう。

この社会では、太り過ぎよりは筋肉質の締まった体の方が他者からの信任を受けやすいと考えられているからです。

それから「体力測定」や「健康診断」もあります。

１００メートル走のタイムや反復横跳びの回数の多さは信用（クレジット）に関わるでしょうか？

コレステロールや中性脂肪の量はどうでしょうか？

少なくとも、体力がなくて疲れやすいと、大きな仕事を引き受けるわけにはいかなくなるでしょうし、健康を害して仕事に集中できない状態のようなら、信用（クレジット）を毀損するリスクがあることは否めないでしょう。

つまり「体力」があることは、信用（クレジット）に深く関わるということになります。

●学力と偏差値、そして学歴

高校受験では試験の点数に加えて、中学での成績を内申書として提出し、それを加味して合否判定をします。大学受験ではこれに面接が加わることもあります。

こうした学力や偏差値は、信用（クレジット）に関わるでしょうか？

もちろん、関わりますよね。とりわけ東京大学を頂点とする入試の難易度は、企業の採用で重視するポイントになっています。大手企業が「うちは学歴では採用していない」と言いつつ、結局、内定者にブランド大学出身者が並ぶのは、大学入学時の偏差値が信用（クレジット）を保証している証でしょう。このくらい難しい入試に通る学力（情報処理力）があるのだったら、この程度の仕事を処理する力は期待できるだろうという認識が、採用マーケットに定着しているからです。

新卒での入社のときばかりではないでしょう。

35歳になっても、45歳になっても「学歴」は付いてまわります。もちろん、その不利を超える実力を示せばいいわけですが、日本社会では同じ大学の「先輩、後輩」のつながりが商売に効く風土があるので、どの大学出身かはずっと尾をひく。これは決して日本だけの風潮ではなく、ハーバードでもオックスフォードでも、同じような人脈効果は厳然としてあるようですが。

●国家資格と免許

国が資格を付与するもの（医者や弁護士）のほか、英検、漢検のような検定も信用（クレジット）を上げる可能性があります。

運転免許はどうでしょう？……車がすべて電動乗り込み型の「移動クン」というロボットになり、行き先を告げれば自動的に連れて行ってくれる未来が訪れるまでは、運転できないよりはできる方が、ちょっとは信用（クレジット）を保証するかもしれません。でも、昔ほどではないですね。

教員免許は、教職課程をとった大学生が大学から付与される資格です。私立の学校などでは先生として採用するとき、「教職免許は絶対的なものではなく、英検2級程度の資格として考えている」というところもあります。

でも、自治体の教員採用試験を受けて、二次試験の（教員ロープレを伴う）面接を突破した教員は、正式に公立校の教師として（正社員として）任用されることになるので、信用(クレジット)が増します。

英検や漢検など多くの資格試験では、民間の団体がその資格を付与するのですが、メジャーになっているものも多くあります。分野が違う場合、どっちが信用できるかという比較はできませんが。

国家資格ではありませんが、「手に職」のある人はリスペクトの対象になりやすいということも言えるでしょう。特に、日本固有の工芸は外国人にも尊ばれ、信用(クレジット)が高くなりやすい。

指に関わりの深い仕事は、AIが発達するロボット社会でもなかなか真似されない精緻な技術を含むので、ロボットに負けない可能性のある分野でもあります。

●スポーツでの戦績や文化芸術分野でのコンテスト順位

部活で全国大会に行ったり、コンテストで優勝したりなどの実績が調査書に書かれると入試の点数に加算される学校もあります。大学だと推薦入学の対象になることも多いし、企業の採用でも強い部活で活躍した選手は先輩から引く手数多(あまた)です。

ということは、スポーツでの戦績や文化芸術分野でのコンテスト順位は信用（クレジット）を高めるということ。

こう書いてくると、経済的に豊かな家庭に生まれたとか、たまたま近くにモデルとすべき人物がいる環境に育ったことが信用（クレジット）上は有利に見えるかもしれません。ピアニストやバイオリニストになる人には実際、親がクラシック音楽に親しんでいたり、プロだったりする人が多いのは事実ですよね。

しかし、それだけではないのは、おいおい見えてくると思います。

ここからは、アクティブ・ラーニング（主体的、協働的で深い学び）の手法も採り入れて、ときにあなたに問いかけながら、考えてみましょう。

●政治家にとっての信用（クレジット）とは？

「得票数」ですね。

2000票の信任を得たのか、2万票なのか、20万票なのか、200万票なのかで、（市議会議員から国会議員まで、あるいは、市町村長から都道府県知事まで）得られる権力の大きさが違ってきます。

より良い行いをしたり、より人格がよかったりということではなく、そのときの選挙でより多くの信任を得た人が権力を握る。これが民主主義の原理です。

もし、あなたが「政治家なんかになる気はない」という人であっても、自分がある政策について主張したときに、どれほどの「得票数」を得られるかを想像するのは無駄ではありません。それが役員会でのあなたの企画のプレゼンであっても、賛成票の数には、人間の組織で行われる限り、政治力学が働くからです。

●会社の究極の信用(クレジット)評価とは？

「時価総額（株価×株数）」でしょうね。

もちろん、損益計算書（PL）、貸借対照表（BS）上のあらゆる指標が、金融的なその会社の信用評価を決めます。その集大成が「時価総額」。

銀行や証券会社のような金融機関からどれほどの信任を得ているかだけでなく、ユーザーからどれほど共感されているか、調達先からどれほど信頼されているか、将来にわたってどれほどの利益を生み出し社会に貢献するかを、総合的に判断されて決まるものだからです。

個人の場合には、時給や月給、年収のようなフローの収入と財産（証券、債権、不動産などのストック）が、損益計算書（PL）、貸借対照表（BS）に当たりますが、「時価総額」に当たる評価は難しいですね。

クレジットカード会社があなたに与える「与信枠」（いくらまで貸し込んでいいか）は、それに近いかもしれません。

また、今後はネット上に蓄積されているトランザクションを分析してお金や仮想通貨を貸す銀行のようなものも現れるでしょう。あなたが、アマゾンや楽天、ドコモやauやソフトバンクの支払いを期日までにちゃんとしている人かどうか、フリマやオークションでどれだけちゃんとした振る舞いをしているか、かつて借りていたアパートの家賃や購入したマンションのローンは滞りなく支払われているか……などの情報を紐付けて、あなたが金融的に「ちゃんとした人物かどうか」をAIに判断させ、ネット上で「与信枠」を与えるような機能です。

米国では、すでにこうした情報に与信するネット銀行が上場しているそうです。

●出版の世界では？

「部数」が信用(クレジット)を表します。

その本がどれほどの読者を獲得したか。2000部だったのか、2万部だったのか、20万部だったのか。

いっぽう、著者の出版界での信用は「累積部数」が保証することになるでしょう。私の場合だと、1997年から10年間での文庫を含めた累積部数は140万部。ただし、78冊出版していますから、1冊平均が1万7000部程度になります。3割打者とは言えそうですが、1冊で100万部を売るヒットメーカーにはかないません。

●アカデミックな世界では？

海外では、大学で取得する「単位数」のことをクレジットと言います。どれほどの知識を蓄積したかという指標ですね。

研究者であれば、学会／学会誌で発表された「論文数」。海外の研究機関が世界の大学ランキングを出すような際にも、この指標が重要になります。

科学技術では「ノーベル賞」が最高度の信用(クレジット)の証かもしれません（文学賞でも日本

人が受賞しましたが！）。

●このほか、文化芸術では？

文化勲章だとか人間国宝とか、国が付与する最高度のお墨付きがあります。

これらは数字で表せるわけではありませんが、長年の文化芸術界への貢献に対して賞されるもの。

いっぽう、市井では、書道、柔道のような「道」の世界や、囲碁、将棋の師範など、「段位」が信用の尺度になっている分野も多いですね。

●海外経験と留学

一般に経験量はどの世界でも信用（クレジット）を保証します。ゲームの「経験値」と同じです。

その中でも、豊富な外国での滞在経験や留学経験は、その人物の信用（クレジット）をかなり押し上げます。単にハワイで泳いできましたではダメですが。

●「お金持ち」は無条件に信用（クレジット）が高いと言えるのか？

これは、面白い問いかけで、中高生とも論じたいテーマです。

「お金を持っていて自由に使えること」や「大きな財産があること」は、そのまま信用（クレジット）につながるのかどうか、です。

金融的な信用にはダイレクトにつながりますが、ここで考えようとしている人間としての普遍的な信用（クレジット）にもつながるのか？

まず、そのお金の「稼ぎ方」が問題にされるかもしれません。

どのようにそのお金をゲットしたのかということ。他人から盗んだものだったり、お年寄りを騙して手に入れたものだったりしたら、これは犯罪ですから、信用（クレジット）という意味では、ゼロ以下のマイナス領域でしょう。

また、「使い方」についてもチェックが入りそうです。

ただ単にエルメスやグッチのバッグを買い集めているのだったらリスペクトは受けないでしょうし、高級マンションに住んでいるのにインテリアの趣味が悪かったら、招かれた人から信用（クレジット）は得られないかもしれません。

欧米の経営者や金持ちが、こぞって発展途上国の貧困からの救済や教育問題などの社会貢献に自分の富をつぎ込むのも、「お金の使い方」が、金融的なクレジットを超えて、自分の人生の信用（クレジット）基盤を固めることをよく知っているからだと思います。

●クラウドファンディングで集めた金額

中高生でも、自分の世界における信用（クレジット）がどれほどかを確かめてみるためには、クラウドファンディングにチャレンジする手があります。

2017年夏、私とキングコングの西野亮廣さんとが教師を務めるリクルート社のスタディサプリラボの企画で、高校生20人前後がクラウドファンディングに挑戦しました。

面白かったのは、彼らが、壮大な社会貢献ものではなく、自分の身近な要望を掲げてクラウドからお金を集めようとしたことです。

たとえば、兵庫から東京会場に来るバス代5000円を支援してほしいとクラウドファンディングで寄付募集した男子がいたのですが、ほとんど集まりませんでした。最初の1週間まったく動かない（寄付が集まらない）様子を見るに見かねて、塾の先生が350円だけ支援してくれたのですが、結局、その後一銭も集まらなかった。

でも、彼が学んだことは大きかったと思います。個人的な費用を捻出するためのフアンドレイジングは無謀だと気づいたわけです。彼には一般のサイト視聴者にとっての信用（クレジット）がまるでなかったからですね。

次の機会には、自分は剣玉が得意なので、その動画をプレゼンして視聴者にキャラを伝えるとともに、サポートしてくれた塾の先生と一緒に養護施設を訪ねて勉強を教える企画ならどうだろうと考え直したのです。これなら、誰がやろうとしているかが理解可能になりますし、企画に社会性が加わっているので、ファンドが集まる可能性が増えます。

西野さん自身は、絵本の企画で1億円以上の支援を集めてしまうクラウドファンディングの強者ですが、それは西野さんが信用（クレジット）の本質をつかみ（このことは2017年10月発売『革命のファンファーレ』に詳しい）、SNSを徹底的に使い倒しながら、普段から信用（クレジット）を築いているからに相違ありません。

有名人が何をやってもお金が集まるかというと、どうもそうでもないようです。

●ツイッターのフォロワー数

その昔、「メルアドの数」＝友達の多さと勘違いしていた人もいたようです。

今日、「メルアドの数」がそのまま信用（クレジット）を表すと考える人は少ないでしょう。しかし、SNSの影響力は日に日に大きくなってきます。その中で、「ツイッターのフォロワー数」は信用（クレジット）を表すと考えてよいでしょうか？

藤原　たとえば2018年3月20日時点で、ホリエモンは310万人、西野さんは14万人、藤原は8000人です。トランプ前大統領は（当時）4920万人ですけどね（笑）。

ある程度、その発言の影響力は表現していると思います。したがって信用（クレジット）にはつながる。

ただし、フェイスブックにあげて「いいね」をもらわないと自己肯定感が高まらなかったり、インスタグラムに写真をアップしないと生きてる実感がしなかったりというのは、半分病気ではないかと心配になります。

「インスタ映え」する一瞬の写真撮影より、人生経験を不断に積み重ねていった方がはるかに信用（クレジット）が蓄積するからです。後者に取り組む場合には、いちいち自撮りしている余裕はないんじゃあないでしょうか。

●テレビに出演する頻度や知名度

「知名度」は信用でしょうか？

悪い噂で名前が知られることもあるでしょうから、単純に「知名度」＝信用（クレジット）ではないと思われます。

でも、テレビに出演する頻度が増えると、たしかに知名度が高まり、お馴染みの人にはなれます。これは信用（クレジット）に効いてきます。馴染んでいるというのは強い。

あなたが小さい頃、父親や母親を無条件に信用していたのは、自分を産んでくれた事実に対してではなく（普通は確かめようもないでしょ：笑）、経済的に頼っている事実に対してでもない。実は、ずっと家の中で馴染んでいるからでしょう。

だから、あまり夕食に帰ってこない父親は子どもからの信用（クレジット）に関してテレビタレントに負けます。

●本を読んでいる　教養

本をどれほど読んでいるか、通常は数えていないでしょうね。

ただ、文献を当たるのが仕事の学者でなくても、本を読み続けている人はいます。

目安としては年間100冊前後に目を通すかどうか（読了するかどうかではない）だと

思いますが、長年蓄積していれば、それは教養の蓄積になり、信用（クレジット）につながります。

大雑把に言えば「累積読書数」ということになるでしょう。

私の場合、10代、20代では読書を習慣とすることができませんでした。それどころか名作が嫌いになり、大学入試でも現代文は苦労しました。また、ビジネスパーソンとなってからも、もっぱらビジネス書を必要に応じて読む程度で、小説などは読む必要がないと信じていたほど読書音痴だったのです。

それが変わったきっかけはメディアファクトリーという出版社を創業した30代前半のことなのですが、これを語ると長くなるので、本嫌いが本読みになる方法を知りたければ、『本を読む人だけが手にするもの』（日本実業出版社、２０２０年にちくま文庫化）を参考にしてください。

ただ、そのおかげで、もともと子どもの頃からの本好きではなかった人間が読書を蓄積するとどうなるのかは、身をもって知っていることになります。

１年に１００冊の読書を自分に課して５年くらい経った頃から言葉があふれてきたのです。書きたくなってきて、エッセイのようなもの（１０００～１２００字くらい）

を誰にも頼まれないのに書き留めておくようになりました。この蓄積がのちにデビュー作『処生術――生きる力が深まる本』に結晶します。33歳からなので、もう30年続けており、このところ200冊を超える年もありますから、累積4000冊から5000冊に向かい始めたところでしょうか。尊敬する松岡正剛さんのような読書の巨人の足元にも及びませんが、20年続けた頃から発言に自信が出てきた気がしています。

また、様々な事象に自分の言葉で、自分はどう考えるかをコメントできるようにもなりました。

●記憶力　人の名前を覚える

暗記力や記憶力は信用(クレジット)を保証するでしょうか?

仕事ができる人の条件は、まず処理能力が高いことです。右から左に早く、ちゃんと、正確に仕事をこなしていかなければなりません。そのためには、その仕事に必要な知識と技術がなければならないから、知識はある程度記憶していないと話にならない。だから、ある程度記憶力に優れ、基礎学力（情報処理力）が高いことは信用(クレジット)につながります。

また、会社であっても学校のような組織でも、人の名前を覚えるのが苦でない方は好感を持たれます。

私がリクルートに入社したのは、まだ会社の売り上げが100億円から150億円をめざしていた時代で、社員も1000人いませんでした。社員同士を「社長」とか「部長」とか「課長」と役職で呼ばず、「江副さん」「藤原くん」というように名前で呼び合っていました。「君」とか「あなた」とか呼ばれるより数段気分がいいし、風通しが良くなります。今でも続いているようですが、リクルートの社内コミュニケーションがいいのは、こうした伝統に支えられたものなのです。

学校でも、生徒の顔と名前が一致してすぐに覚えられる先生は児童生徒からも、保護者からも信用（クレジット）を供与されやすいでしょう。

ゴダイゴに「ビューティフル・ネーム」という名曲がありますが、1人1人の子どもに（それが難民であっても）美しい名前があるように、ホームレスのおじさんにもまた、山田さんとか鈴木さんという名前がある。

だから、記憶力の中でも、特に人の名前を覚えられる力は信用（クレジット）につながると思います。

●集客力　何人集まるか？　何人集められるか？

クラウドファンディングでいくら集められるかと同様ですが、リアルな世界で、ホームパーティーでも音楽イベントでも展覧会でも、自分が主催者として声をかけたら、いったい何人が集まるかという「集客力」は、信用(クレジット)を表すと思います。

お店を貸切でいっぱいにできるのか、公民館のホールをいっぱいにできるのか、武道館（1万5000人）をいっぱいにできるのか、それとも東京ドーム（5万5000人）をいっぱいにできるのか？

信用(クレジット)がなければ、人は集まってくれないのは自明ですから。

●講演料　出演料　原稿料

書籍の販売部数とも絡むのですが、講演会や研修会での講師料のレイト（プロフェッショナル・フィー）は、そのタレントや教授や人物の信用(クレジット)の指標になります。

大雑把に言うと、1万から3万円のお車代の講師から、10万円、20万円、30万円と上ってきて、50万円、70～80万円、100万円以上とピンキリなんです。

私は勝手に講師料50万円以上が一流と考えていますが、米国の大統領経験者だと1

回1500万円が相場という噂ですし、呼ぶのにテレビやイベントとの絡みで4000~5000万円はかかるという話もあります。

ハーバード大学の一流教授のレイトが800万円程度と聞いたことがあるのですが、これは日本の人口が約1億人で、世界には英語を話す人口が16億人いると言われているので、国内一流レイト50万円のちょうど16倍なんだなと納得した覚えがあります。

このことからも、グローバルな信用を得ると、報酬も桁外れになることがわかるでしょう。

●葬式参列者の数は信用（クレジット）か？

日本の悪しき風習では、葬式の威容を誇ることがあります。

参列者の多さや花飾りの多さで故人の信用（クレジット）を表現しようと。特に会社がらみになると、いまだに誰が仕切るのかのレースが展開し、醜い争いになったりもします。たとえば、大作家が亡くなられた場合、葬式をどの出版社が仕切るかというような話です。しょうもないとは言っても、喪主である奥様が著作権を相続しますから、これは出版社の生き死にに関わる超重要案件でもあるのです。

個人については、だいぶ家族葬の考え方が広がり、内輪でしめやかに済まそうというムードになってきました。

死んでから信用（クレジット）を誇ってもしょうがないので、これは良い傾向だと思っています。

残念ながら、先入観や偏見を含めてイメージが信用を左右するケース

●未婚と既婚　LGBT

未婚か既婚かで信用（クレジット）に差異は出るでしょうか？

適齢期と呼ばれる世代ではないと思われますが、極端に若い既婚女性はマイナスのイメージを持たれる可能性があります。考えが浅いまま結婚してしまったのではないか、と。インドやバングラデシュ、ラオスなどのアジアの過疎地域でも、少女が労働力として早くに嫁がされるケースが多く、国を挙げて結婚年齢を上げようとしています。

ここにこれから書くことは、私の判断ではなく、「世間」がどう思っているかという一般論です。ですから、気にしなくてもいいことだとはじめに言っておきます。

ただ、こうした偏見や先入観は長い期間の中で育まれたものなので、なかなか拭いがたい側面もある。厳然とあるものを見て見ない振りをして「ない」と嘘をついても

しょうがない。現実の一側面、あるいは裏側としてとらえておけばいいと思います。こういう先入観や偏見を次世代でなくすのが、特に子持ちの40代以上の親の責務だと言ってもいいかもしれません。

世間では、40代以上の男性が独身でいる場合、「あの人はノーマルだろうか？」と疑う人もいます。もしかしたら一度結婚に失敗したバツイチであった方がかえってモテるかもしれません。

逆に、乳母車を押している男性には「イクメン」としての順風が吹いており、イメージが高くなる傾向があります。

ＬＧＢＴについては、言うまでもないでしょう。まだまだ偏見は解消されないし、社会制度的にも諸外国と比べて進んでいるとは言えません。

私は、はるな愛さんがまだブレークする前、毎年のように和田中「よのなか科～差異と差別を考える」授業のゲストティーチャーに招いていたのですが、テレビでのＬＧＢＴタレントの登場が増えている割には、ゆっくりとした変化だなあと思います。

●国籍と差別

「佐賀生まれ」「埼玉育ち」をマイナスイメージでとらえる風潮もありました。佐賀については、それを逆手にとってポップソングに歌うタレントも現れましたが、さて、どれだけイメージが上がったでしょうか？

では逆に、「東京生まれ」とか「大阪育ち」は、それだけで信用（クレジット）を助けるでしょうか？

これはちょっと疑問です。どのように育ったのか、どのように暮らしているかというソフトの方が影響が大きいだろうと思います。

ただし、日本人社会の中では、国籍は信用（クレジット）に大きく関わりますし（たとえば旅行に来ているニューヨーク育ちのアメリカ人と日本在住のアジア国籍の人なら、なんとなく前者が優遇される雰囲気がある）、出自に信用（クレジット）を直接結びつける部落差別問題がまだ残っていることも事実です。

●名刺とブランド

名刺の社名と肩書きが信用（クレジット）を保証するのは、広くはびこる慣習です。

日本人は、強い神様をいただく一神教の影響が薄いからでしょうか、ブランドが好きなんですね。エルメスやヴィトンを愛でるように、三菱や三井、住友あるいは大手企業のブランドを愛します。「三菱商事の課長」という名刺だけで信用(クレジット)が付与される。

もっとも、私も若い頃、リクルートには勢いがあり（リクルート事件前には）イメージも高かったので、銀座で飲んでも現金で支払った記憶がありません（笑）。

多くの人が、「自分ブランド」のブランディングにもっと真剣に取り組むようになるまでは、この強烈なブランド信仰は続きそうですね。

●どんな食生活をしているか

粗食とグルメ、どっちが信用できますか？

どんな食生活をしているかは信用(クレジット)に関わるでしょうか？

「あなたは、「あなたの食べたものでできている」という味の素のコマーシャルには感心しましたが、食べ物がそのまま信用(クレジット)に関わるとは思えません。

信用のあるお金持ちでも「立ち食いそば」が好きだとか、もつ焼き大好きという人もいますしね。

若い人ほど、シンプルライフ志向が強まっている感じもします。

ファッションだって豪華でなければ信用されないということはない。むしろTPOをわきまえた身なりがリスペクトされるでしょう。

私自身はパリに住んで一流のフレンチレストランで何度も食事をしたこともあるのですが、いっぽう地元にもいっぱい美味しい家庭料理の店がありますよね。

だから逆に、グルメ、グルメと毎晩食べ歩いている人物を見ると、なんだかなあ……と思ってしまいます。日本料理は素材の新鮮さ、見栄え、そして歯ごたえが極み。蕎麦のコシひとつとっても、なんで日本中の料理屋をフランス人に評価させて喜んでいるのか、理解に苦しみます。

私は、はっきり言ってミシュランを信用していません。

●ビジュアル　顔の見映え

『人は見た目が９割』（新潮新書・２０１２年）という衝撃的な本がベストセラーになりました。

たしかに美人、美男子は有利だと思います。

また、スポーツの世界でも天才少年、少女たちがしばしばアイドル顔負けの可愛らしさなのにも驚嘆します。天は二物を与えたもうのか、と。

イチローも香川も長谷部もいい男ですし、卓球の愛ちゃんも、佳純ちゃんもカワイイ。フィギュアスケートだって、バレーボールやラグビーも例外ではありません。テレビ映りが悪いとメジャーになれないということもあるのでしょうが、可愛い少年少女の方が指導者も力が入るということもあるんじゃあないかと疑っています。もちろん、才能や環境要因は大きいのでしょうが。

「顔の良さ」は（中年の憂いや渋さも含めて）信用（クレジット）に結びつくということ。

●苦労した体験　病気から蘇った人生経験

ここで、マイナスモードの重要性について、触れておきたいと思います。

「挫折、病気、失敗」のような、人間が生きていれば必ず体験するマイナスモードの体験のことです。これに対して「得意、好き、興味がある」ことはプラスモードの体験とします。

私たちは日常の会話の中で、プラスモードとマイナスモードを織り交ぜながら話していますが、相手から語られたマイナスモードの体験談の方が、プラスモードの自慢話より数段印象に残ることは自明です。

ということは、人生の前半で「挫折、病気、失敗」話のネタをいっぱい仕込んでおく方が後半の人生を豊かにすることになる。できたら、困難を乗り越えた記憶として、笑い話にしつらえる方が武器になります。

人はあなたの成功談より、失敗談をより聞きたいと思うものだからです。

挫折からいかに復帰したか、病気からいかに蘇ったか（今まだ完全に癒えたわけではないとしても）、面白おかしい失敗談……こうしたマイナスモードの体験ネタをたくさん蓄積している人の方が信用（クレジット）できそうだと思いませんか？

●いかに住まうかの知恵　住宅問題

どこに、どのように住んでいるか？

招かれたりして部屋に入ったときにはインテリアのセンスも大事ですね。かつて、銀座・勝鬨橋のたもとのマンションに住んでいたとき、ベランダにバーカウンターを渡してハイチェアに座りながら、隅田川や東京タワーに向かってお酒を飲んでました。

下手に銀座で接待するより、偉い人もずいぶん喜んでくれたものです。つまみがそばの焼き鳥屋でテイクアウトしたものであったとしても。

住まいのセンスは信用(クレジット)を作ります。

●ファッション

最低限、周りの人を不快にしない身なりの清潔さは必須でしょう。

そして、その人に似合うファッションを決めてさえくれれば、それがジーンズであれタキシードであれ、信用(クレジット)を醸成します。

面白いのは「制服」ですね。ディズニーランドでは制服がキャストのキャラを引き出しているように見えますし、白衣を着れば誰だって医療関係者や理科の先生、あるいは研究者に見えてしまう。「制服」は間違いなく信用(クレジット)の一端を担っています。

●車はまだステイタス・シンボルか？

今の若い人は昔ほど車に興味がありません。一条高校の始業式で1000人を超える生徒に対して「車に興味がある人、手を挙げて？」と聞いたことがあるのですが、なんと7人しか手を挙げませんでした。70人じゃないですよ（笑）。

車をステイタス・シンボルのように信じているのは、もはや団塊の世代くらいかもしれません。これからどんどん自動運転化が進み、車が乗り込むタイプのロボットになると、乗り心地しか興味がなくなるでしょう。ジウジアーロ・デザインのいすゞ117クーペが愛車だった私には、ちょっと寂しい気がするのですが。

たしかに息子たちは18歳になってすぐに免許を取りに行ったけれども、車を所有しようともしない。自転車通勤してる人の方が健康そうだという見栄えも含めて、評価が高いかもしれませんね。

●まず動く　無償で動く

たとえば、阪神大震災や東日本大震災で、あなたはどんな動きをしたでしょう。ご自身が被災したり、家族や親戚が犠牲になってしまったりした方もいるかもしれません。でも、被災した当事者でない場合なら、何かできないか?……と考えるのは自然な心の動きでしょう。

仮に、何かできないかと「考えたり思いついたりした人」が100万人いたとしましょう。そのうち、言葉にして家族や同僚、友人に語る人が10万人。SNSで拡散する人が1万人。実際にやってみる人が1000人。即動く「すぐやる」派が100人。

それを10年続けていると、たった1人残ることになります。圧倒的にその世界での試行錯誤の練習量があるから、100万人に1人のプロが誕生することになるんです。

世の中の動きはいつもこんな風です。


私はいつも、即動いて仲間を探す方なんです。すると気づくことがあります。

「即動く」センスを持ち、「即動ける」余裕があり、「即動こう」という仲間とつながることができる人物は、たいていパワーがあるということ。

少し前まで、東日本大震災の爪痕が深かった石巻と、もっとも苛烈な貧困地帯と言われるバングラデシュに、世界一優秀な人材がボランティアとして結集していたことがあります。グーグルやアップルを辞めて生きる意味を追いかけるハイタレントな人材が、貧困を教育で救おうというようなメッセージに惹かれて集まってくる。

私はこれを、石巻とバングラデシュの頭文字をとって「IBリーグ（IVY〈アイヴィー〉リーグではない：笑）」と呼んで、下手な研修施設に行くより勉強になるし、優秀な人材同士のネットワークができるからと参戦をすすめていました。

まず動く、無償で動く習慣は信用（クレジット）とつながります。

●古さや歴史を味方につける

『イギリス人アナリスト　日本の国宝を守る』や『新・観光立国論』の著者、デービッド・アトキンソン氏は国宝の修復を手がける創業300年の小西美術工藝社の社長さんです。オックスフォード大学で「日本学」専攻。アンダーセン・コンサルティング、ソロモン・ブラザーズを経てゴールドマン・サックスでアナリストを務めた人。

私がこの人物の本を読み始めたのは、キャリアが気に入ったからです。

「オックスフォード」「ゴールドマン・サックス」でも十二分に一流感はあるのですが、なんといっても京都に住んで小西美術工藝社という老舗に入ったところに「粋」を感じさせる。この掛け算がなければ、ただのファイナンス長者でしょう（笑）。

デービッド・アトキンソン氏の信用（クレジット）は、京都や奈良という日本の古い都という「場」の磁力と、創業300年の老舗の歴史に裏打ちされているのです。

私がほかのどの都市でもなく、奈良市に2年間の留学をしていたのも同じ理由からです。磁力のある場所なら、充電できますから。

●言葉遣いと方言

あなたの言葉遣いは、どれほどあなたの信用（クレジット）を担保したり毀損したりするでしょうか？

昔は方言丸出しの田舎者は馬鹿にされたかもしれないけれど、今は吉本興業のおかげで関西弁はテレビを通じて全国区でメジャーになった。東北弁や沖縄言葉を笑う都会人は、少なくなったのではないでしょうか。

「地方創生」という言葉と「里山」や「コミュニティ」や「古民家再生」などが結びつき、Ｉターンで地方で暮らしながらＩＴを利用して仕事を続ける半農ビジネスパーソンも支持されるようになりました。

●名前と信用

自分の名前に関して、あなたはどこまで調べ尽くしているでしょうか？

西園寺とか伊集院とか、いかにもいわくありげな名前のほかにも、調べれば結構物語が語れることがあります。自分の名前も「資産」であると考えましょう。

下の名前についても、親がどういう思いでその名を付けたのかについては、亡くならないうちにしっかり聞いておくべきでしょう。

自分の名前の由来を真摯に語る人間は、信用されやすいように思います。

●字の美しさ

達筆であることは信用(クレジット)を形成する一助にはなります。

メールのフォント(字体)に目が慣れれば慣れるほど、肉筆の文字にイメージを膨らませたり、達筆な筆書きに敬意を表したり。

字を書く機会が減れば減るほど、美しい字を書く希少性は高まるのです。

●自分の言葉でしゃべれる力

結婚式の祝辞でも、入学式や卒業式での学校長の式辞でも、自分の言葉でしゃべれない人はダメですね。私はそういう型通りの挨拶のことを「祝詞(のりと)」と呼んでいるのですが、それではメッセージは伝わらないでしょう。

和田中の校長をやっていた当時、入学式に来賓としてきた教育委員会の課長が、区長からの祝辞を代読するというから、断ったことがありました。「あなた自身がどんな中学生だったのか、エピソードから入って自分の言葉で話してください」と区長の祝詞が書いてある巻紙をその場で破り捨ててやったのです。一瞬、彼は真っ青になりましたが、もう後戻りできないと覚悟を決めて祝辞に臨み、キャラが出た良い話をしてくれました。でなければ、生徒は寝ちゃうでしょう。

特に、定型スタイルが決まっているような場合でも、自分の言葉でしゃべれるかどうかは信用（クレジット）に深く関わります。

信用を毀損するもの、信用を高めるのにマイナス効果のあるもの

●犯罪歴

社会のルールを破ったり、他人を傷つけたりした前歴のある人物は、著しく信用（クレジット）を毀損することになります。

仮に刑期を終えて出所してきても、信用（クレジット）についてはまっさらからのスタートにはならないでしょう。大きなハンデを負わざるを得ない。

逆に、そうした犯罪歴を持つ人たちに更生のため復職の機会を与えている会社やサポートしている人物にこそ、信用（クレジット）が付与されます。

犯罪までいかなくても、マナーの悪さや酒癖の悪さなどは十分に信用（クレジット）を傷つけるし、嘘をつき続けることもマイナス効果を持つでしょう。

●精神的に不安定であること

人間関係というのは、一時的なものではなく、習慣として保ち続けることで初めて深まるもの。ですから、相手が精神的に不安定だとコミュニケーションがとりにくいので信用(クレジット)を置くことが難しくなります。芸術家は別として、基本的に落ち着いていることは、相手が信用(クレジット)を置く基盤になります。

第3章

40代の「よくある悩み」に答えます！

——「正解」ではなく「納得解」を導き出すヒント満載です

Q　プレーヤーとして部下以上の成果を求められ、かつ管理職もやり、家庭も何かと忙しい毎日を送っています。なんとかして自分の時間を作りたいのですが、どうしたらいいでしょうか？

A　まずは何か1つをやめてみましょう。

第1章で「自分リストラ」について話しましたが、すでに自分のキャパシティを越えているのに、新たに何かをやろうとするから「時間がない！」と感じてしまうのです。

そうではなくて、何かを「やめてみる」ことから始めてみてください。

たとえば私は、健康上の理由もあるけれど、お酒のハシゴをしなくなりました。次に30年ほどゴルフをやめました。結婚式にもほとんど出ません。葬式は、よく知っている人のときだけ出るようにしました。

何が言いたいかというと、「なんとなくやっていること」をひとまずやめてみませんか、ということ。中でも自分の時間を一番奪うものは、これまで「なんとなく」続けてきた人間関係ではないでしょうか？

義理のつきあいや、仕方なく続けてきた交流。仕事上ではもう関係ないのに毎回呼ばれる定期の飲み会、たまたま同級生だったという縁で長年続けてきた小旅行や家族連れのバーベキュー、それほど親しくもないけれどメンバーが足りないと呼ばれるたびに出かけていた草野球の大会。本当にコミュニケーションしたい大事な人でもないし、自分が主体で参加しているコミュニティでもないけれど行かないと何か不利益になりそう。だから一応参加するんだけれど、毎回ヘトヘトになっちゃって……。

しかも最近は、SNSという便利なツールのおかげで、相手と会っている時間以外にも気遣いをしなければいけない状況が生まれています。読書をしたり、調べ物をしたりしている最中に「○○の集合は○時に変更！　車出せる人教えて」などのメッセージが飛び込んでくる。目の前にいない誰かのために自分の時間がどれだけ無駄になっているか、考えをめぐらせてみてください。自分で感じている以上に、お金も時間も、そして体力や精神力もかなり使っていることに気づくはずです。

次の場所に高くジャンプするためには、身を低くして構える時間が大切です。自分の足下を一度見下ろしてみて、本当に必要なものは何かを洗い出してみましょう。

あと、自分の時間を「区切る」習慣も大事です。

私は**夜8時半から9時半になると、たとえ自分が集合をかけた集いであっても、爽やかに帰ることにしています**。もっとも、爽やかにというのは一方的な思い込みで、ただただひんしゅくをかっている場合も少なくないかもしれません。

しかし、自分の時間を作るにはとてもいい習慣だし、たとえ嫌われても、これくらいしないと自分の時間は作れないものだと思います。

Q 「担当部長」なる肩書の部下なし部長になってしまいました。明らかに出世ラインからは外れており、もはや同期を逆転する見込みはありません……。そんな私もやはり「キャリアの大三角形」を作ることをめざすべきですか？

A 現場に留まって自分を専門職化する手もある。

最近は、現場に留まりながら年俸や条件を上げる交渉をする人がいます。つまり自分の仕事の専門性を極めて、組織内の階級ではなく、ある分野でのエキスパートをめざしていくという道です。ビジネスの場面ではまだ多くありませんが、たとえば学校の教師には、管理職への登用を断り、現場一筋を貫く人も大勢います。このような先生は、ほかの人には真似できない教え方の技術を持っていたり、部活の指導で全国区の実績があったり、一目置かれることが多いのです。

そのまま取り入れることはできませんが、現場に留まり、自分の力を充分に発揮する方法を考えてみるのもよいでしょう。

ただし、1つ知っておいてほしいのは、**「会社は自分の人生を記憶してくれるものではない」**ということ。「自分以外にこの仕事はできない」「出世して取締役になって名前を残すんだ」などと思っていても、会社という組織は人が入れ替わっていくシステムですから、どんなに会社に貢献し、名をなしたと自分では思っていても、いつの間にか忘れられてしまうものなのです。

企業の組織やシステムというのは、収益を拡大する局面では、取り替え可能な人を求め、事業を継続していくために必要な作業を無限に標準化していきます。「自分がいないとこの会社（事業部）は回らない」と思ったところで、組織の力学は「誰でもできるように」動いているのです。創業者ですら、株を手放せば忘れ去られる運命にあります。

自分の人生を記憶してくれるのは、会社組織ではなく、家族を含めたコミュニティの方です。自分がどんなに頑張ったか、苦労をしたか、仕事ぶりはどうだったかは、自分の家族や所属するコミュニティの人たちの間に「物語」として残ります。いっぽう、組織は社員1人1人の業績や記録を次々に上書きし、更新していきます。

会社は人だと言われますが、組織の機能としては、人でなくシステムの維持が使命であることを頭に置いておきましょう。

Q　しばらく安泰かと思っていたうちの会社ですが、最近リストラの話がチラホラ聞かれるようになってきました。切られないためにはどうすればいいですか？

A　そもそも「うちの会社」ではないですよね。

私が常々不思議だなと感じるのは、世の中のかなり多くのビジネスパーソンが、自分の働く場所を「うちの会社」と表現することです。「うちの」と言えるのは、正確にはその会社のオーナーや創業者（しかも株を手放していない場合）であって、雇用されている側は、会社を所有しているわけではないのになあ、と思います。つまりそれほど会社に依存しているということなのでしょう。

そんな中、リストラの対象にならないためには、まず会社に対して受け身の姿勢をやめることです。企業は体質のスリム化を図りますから、これまでの実績（どんな役職を担ったか、どの部署にいるのか）よりも、これから会社をどんな風にしてくれそうか、会社のために何ができる人材なのかを評価してくるでしょう。つまり、「位置エネルギー」のある人より、「運動エネルギー」のある人を残すわけです。

また、「業績も悪いし給料アップも無理だな」と、組織の一員であるにもかかわらず、まるで他人ごとのように現状を批評する人よりも、「こんな仕事をすれば会社に貢献できそうだ」と前向きに提案できる人、当事者意識をもって物事に取り組める人の方が、仕事そのものからエネルギーをもらえるし、役割を任される（活躍の場が与えられる）可能性があります。会社とは本来、夢を実現させ、奇跡を起こす場所なのですから。

Q　どうしても苦手な上司がいます。表面上はうまくやっているのですが、この上司がいずれ役員になっていくのかと思うと、その下でずっと働くことができるかどうか自信がありません。やはり、異動・転職を考えるべきでしょうか？

A　感情論ではなく、本質論で考えてみましょう。

人には相性があり、合う人とは合うけれど、合わない人とはトコトン合わないもの。しかし、それを言っては始まりません。感情論について、どっちが正しくてどっちが間違っているかという答えは出ないからです。そこで、本質論でいってみましょう。

上司は、部下をマネジメントする役割の人です。上司の果たすべき役割は、

①やりがいのある仕事を与えてくれる
②仕事を正当に評価してくれる
　の2つです。

　性格が合わないとか、どうしても好きになれないとか、上に媚ばかり売っていて仕事はできないとか、いろいろと不満はあっても上司が①②の条件さえ満たしていれば、仕事上で困ることはないでしょう。我慢できなくて喧嘩したとしても、すぐに謝ることができれば、さほど大事にはならないはずです。

　そして、本当に仕事のできない上司なら、黙っていても早晩淘汰されてしまうでしょう。他人の人生よりも、自分自身の今、そして未来に意識を向けるべきです。

　大事なことなので繰り返しますが、サラリーマンや公務員にとって、人事権と予算権を握っている上司は最大のリスクです。割り切ってサクッとすり寄るか、どうしても逃れられない状況にあるのなら、せめて意識の中でだけでも存在を最小限に留めておきましょう。

　いっぽう、**好かれようとしないで、あえて嫌われる道もあります**。大人になって我を通せば、たとえそれが理にかなったことだとしても、おおかた嫌われてしまうものです。裏を返せば個性がある、主張がある証拠ですよね。

私は、ならばあえてその道を進んでみようと思い、40代で会社を辞めました。前にも触れましたが、一見無謀な道でも、不利な勝負に飛び込む人を周りの人は想像以上に応援してくれるものです。芸能やスポーツの例を考えるとわかりやすいでしょう。自浄能力がない組織の中でひと握りの人に好かれるより、嫌われても、「よくぞここまで」と言われるまで頑張れたなら、道は開けると思います。

Q 何を大事に仕事をしていくか、自分の価値観がイマイチわかりません。どうしたらいいでしょうか？

A まず10年やってみると、必ずテーマのタネが見つかります。

社会に出てみて10年くらい経つと、たとえ現状に不満はなくても、今の自分の置かれている状況や自分自身に、何か少し違和感を持つときがきます。じつは、それが自分が追いかけるべきテーマの「タネ」になる可能性もあるんです。ちょっと休んだり、本を読んだり、社外の人と意識的に交わってモードを変えてみることで、まずは違和感の正体を突き止めましょう。

私の場合は、40歳で会社を離れ、「学校（義務教育）を開く」というテーマを追い始めました。当時、子どもは6歳、2歳、0歳でしたが、子どもがいるからこそ、教育の世界を開きたいと考えたのです。そして、教育現場にはびこる「正解主義・前例主義・事なかれ主義」を叩かなければならないとわかり、学校の校長になって見本を見せなくてはと気づいたのがその5年後。明治時代以降続いてきた一斉授業というスタイルを崩せばそれが達成されるとわかったのは、さらにその5年後でした。

しかし当時は、いちいちリアルタイムで自分の価値観に基づいて行動していたわけではありません。後から振り返って、そういった価値観らしきものがあったようだと気づいているのが正直なところです。

人は若いうちから、そんなに一貫性をもって生きられないものです。私を含め、多くの先輩が、自分のテーマ、価値観を語るときは、過去の体験（偶然起きたことやたまたま遭遇したことも含めて）を振り返り、格好良く見せるためにキャッチフレーズをつけていると考えて間違いではないでしょう。

私の場合も、自分が「自ら機会を創り出し、機会によって自らを変えよ」というリクルートのスローガンに結構こだわって生きているなあと気づいたのは、40代になってからでした。また、杉並区立和田中学校の校長を辞めて初めて、つまり50代になってから、自分が、学校を開くことで正解主義の学校文化を崩す革命をしているのだ、と気づいたようなところがあります。

それでも、テーマが曖昧な人より、後から振り返ってでもそれが見つけられた人は、間違いなく強いと思います。

Q　自分の市場価値がよくわかりません。自分を客観視するには、誰に、どんなことを見てもらえばいいでしょうか？

A「3人の人」から話を聞いてみましょう。

組織の中では上司や人事などからの評価を受けるので、自分の今の力や組織内でのポジションはどうかといったことは、だいたい判断できるでしょう。問題なのは、いざ、外に向かって一歩踏み出すとき、どこに足をかけたらいいのか、自分のポジションがわからないことです。

往々にして、組織内での自己評価と、外に出て受ける評価（自分の市場価値）は、同じ組織にいた時間が長ければ長いほど食い違っている可能性が高いです。また、「こんな人材が求められているはずだから、自分のキャリアは必要とされているだろう」という「読み」もハズしてしまう確率が高くなります。

自己評価だけで判断して市場に出るのは、かなりリスクが高いということを知っておくべきでしょう。

そこで、自分を客観的に見てくれる外部の人を探す必要があります。**人材スカウト会社の人、競合他社に勤める友人、人事部の同期**の3名に、書き下ろした履歴書を見せてみましょう。スカウト会社の人は潜在的な転職可能性を、競合他社の友人は社外で自分の売りがどのくらい通用するかを、人事部の同期は会社が自分をどう評価しているかを、それぞれ教えてくれるはずです。耳に痛い指摘も受けるかもしれませんが、外の世界への「とっかかり」をどの辺りに置けばいいか、自分の「現在地」を把握できるはずです。

車やスマホのナビゲーションシステムは、目的地を入力しさえすればそこまで自動的に案内してくれますが、現在地がわからなければ、案内のしようがありませんよね。キャリアもそれと同じで、自分の今の状況を客観的に把握できていなければ、ずっと迷ってばかりで、目的地までたどりつくことはできません。

自分を客観視することに関連して、第1章で紹介した「運動エネルギー型の履歴書を書く」こともやってみてください。自分がどんな部署を経験し、どんな役職についたかという「位置エネルギー型履歴書」は今いる組織の中では通用するかもしれませんが、いったん外に出たら「何をやってきたのか」「何ができるのか」という運動エネルギーの方がカギになります。

Q　仕事はやりがいゼロ。でも、いろいろ考えると、新しいことにチャレンジする勇気が出ません。どうしたらいいでしょうか。ちなみに収入には満足しています。

A　仕事を通じて何を一番得たいのか振り返ってみよう。

仕事はツマラナイけれど、お金のためなら仕方がないと思っている人は、仕事から得られるものが「お金」だけだと思い込んでいるのではないでしょうか。

報酬には、「給料（お金）」という形のあるもののほかに、「達成感」や「刺激の多さ」、「自己実現の可能性」、「プロになれる技術を学ばせてくれる」など、具体的な形に表れない、無形の部分もあります。「いい仕事をしたね」と周囲から評価され、自分でも「この仕事はよかったな」と感じるときには、お金はもちろんですが、充実感や達成感もひとしおのはずです。それが「よし、次もやるぞ」という自分のモチベーションのもとにもなります。

このように、相性のいい仕事だと、人は仕事からエネルギーをもらうことができます。だから自分を消耗することも少なく、疲れもそれほど感じません。

しかしお金だけを見ていると、それとひきかえに自分のパワーを奪われていることに気がつきません。もしかしたら、給料の額面以上に自分の大事な何かを削っているかもしれないのに、です。

組織を出るか出ないかに迷ったときのカンどころは、「自分は何を捨て、何を得たいのか」をはっきりさせることに尽きます。私の場合は、組織での「権力」と「保障」を捨て、関心の強いテーマを追う「自由」をとりました。

組織に留まることを選んでも、収入や地位が上がることを最優先にする権力型の価値観を捨てれば、自分の人生の豊かさに関わる様々な自由について、会社と取引することが可能になります（だからといって、いいかげんに仕事をしてもよいということではありません、念のため）。

どんな選択をするにしても、それがベストかどうかは、その時点では誰にもわからないものです。ですから、あなたのチャレンジに周囲が反対しているのなら、その理由が本当に納得できるものなのか、よく見極める必要があります。転職したい会社がブラックだとか反社会的だとかいうのならわかりますが、「安定していない」とか「将来どうするんだ」とか「ネームバリューがない」というようなことは、不安に感じているというだけであって、理由にはならないことがわかるでしょう。

それよりも、直感で「自分が得たいものはこれだ」と感じるのなら、それに従うべきです。

私は自分のキャリアにおいて決断をするとき、誰にも相談せずに自分1人で決めてきました。リクルートを辞めるときも、校長になるときも、奈良に2年間赴任したときも、妻にさえも相談していません。

そもそも自分の人生上の決断というのは、他人に相談するべき問題ではないのです。

親であれ尊敬する先輩であれ、誰かに相談すると、あとで自分の当初の予想と違ったときに「あのとき、あの人がああ言ったから」と、人のせいにしてしまいかねません。それはある意味、自分に対する責任逃れです。

結果よりも、自分で決めることにこだわっている人の方が信頼できると私は考えています。「ここでやるんだ」と決めてしまう踏ん切りというか、潔さのようなもの。とにかく一歩踏み出してみる無謀さが大事なのです。

Q　今いる会社ではどうも活躍できそうにありません。転職を考えているのですが、次の会社は、どういう基準で探せばいいでしょうか？

A　基準は他者に聞くものではなく、自分で作りだすものです。

世の中に「自分にピッタリ」の仕事がないことは第1章で触れました。それと同じで、「活躍できる会社」も、お店で売られている商品のように、どこかで完成品を買えば手に入れられるわけではありません。

それよりも、「活躍できる仕事」を自分自身が開拓することを考えましょう。

そのためには、組織やシステムがガッチリ完成された大企業よりも、スタートアップ段階や半完成品の会社に入った方がいいかもしれません。将来性のありそうな未上場企業に参加して、自らその成長に加担するのも選択肢の1つです。

リスキーに感じるでしょうか。たしかにリスキーです。しかし、就職・転職の本質は、自分という商品を市場に投資することです。ただし投資するのは「お金」ではなく「エネルギー」。リスクのない投資なんてありませんよね。どんな企業に入り、どんな場所で働いても、多かれ少なかれリスクは生じます。

リスクの高低を言えば、株式公開を狙うような名もないベンチャーは「ハイリスク・ハイリターン」でしょう。公務員やNPO、NGO法人なら「ローリスク・ローリターン」と言えそうです。「そうじゃなくて、真ん中ぐらいがいい」というかもしれませんが、成熟社会では「そこそこのリスクでほどほどのリターン」という中途半端なところはだんだんなくなってきています。

もてるエネルギーをめいっぱい注ぎ込めば、達成感や人との豊かなつながりが得られます。また、自分が貢献すればするだけ株価の上昇も期待できます。

最初に戻りますが、自分が活躍する場所がほしいのなら、受け身の姿勢で待つのではなく、自らが動いて作りだすしかないことを覚えておいてください。

Q　会社名や肩書がなくても独立して勝負できるのか、自分の本当の実力が知りたいです。具体的に何をすればわかるでしょうか？

A　肩書きが通用しない場所での経験を重ねよう。

一般的に名前が知られた会社で管理職をやっていると、本人にその意識がなくても、会社のブランドと役職は、取引相手に影響を与えているものです。

それは、会社がこれまで積み上げてきた信用の蓄積であり、顧客からの共感であったりします。また、部下が指示に従ってついてくるのも、半分以上は、上司である自分に人事権と予算権が付与されているからです。

本当の自分の実力が知りたいなら、これらの会社ブランドや役職ブランドが通用しない場で、むき身の自分を鍛える練習をするとよいでしょう。

名刺が通用しない世界で、自分のコミュニケーション力を試してみるのです。

子どもがいるなら地域のコミュニティに顔を出すのがもっとも早いですが、被災地や途上国のボランティアに出かけて、そこで自分プレゼンの練習をしながら、名刺に頼らない人間関係のネットワークを広げていくのも1つの手だと思います。

私は東日本大震災で被害を受けた宮城県石巻市雄勝の支援を続けていますが、震災直後から支援に入った人たちは、災害によって何もかも破壊されたあとでは、名刺や肩書きなんて、その場ではまったく通用しないことを痛感したと思います。そこでは、大会社の部長の肩書きを持つ人よりも、たとえば炊き出しの技術を持っていたり、ボロボロになったアルバムの写真を修復できたりする人たちの方が受け入れられたし、実際に役に立てたのです。亡くなった方に死化粧するボランティアをする人も。

私も当初、気仙沼高校の避難所で炊き出しを手伝ったとき、提供できる技術が何もありませんでした。それでも何かできることはないかと考え、子どもたちにおもちゃを配る際、ひたすら「あっち向いてホイ」をやりました。結局、「3時間続けてあっち向いてホイをやった人」としてタイトルをもらいましたが（笑）。

生と死が身近にある生身の世界に飛び込んでみれば、自分が本当に何ができるのか、いやが応にも実感できるでしょう。

Q　組織再編に伴って、それまでとはまったく別の分野の責任者として出向することになりました。その分野の経験も知識も部下たちの方がはるかに上、いわば超アウェーな状況ですが、どうやったら乗り切ることができるでしょうか？

A　①味方を5人見つけること、②普段からモードチェンジに慣れておくこと。

まずは「誰を味方につければ目的が達成できるか」を見抜くことでしょう。

味方は大勢いなくても大丈夫。状況にもよりますが、たとえば組織を改革する必要があるのなら、注意深く見てみれば、その現場に影響力のある人物は数名に絞られるでしょう。だいたい5人を味方につけられたら、500人くらいの組織までは何とか動かせるはずです。

中学校の校長の経験から言うと、学校の場合は、生徒の背後にいる保護者を味方につけることが、改革を可能にする絶対条件でした。また、PTA会長、地域社会の実力者、若手の有望株の先生たちも味方につけ、それぞれの力を発揮してもらうことで、地域に開かれた学校をめざしました。

なお、**突然の環境の変化に適応できるためには、普段から軽いモードの変更をやっておくことも大事です**。同じ環境で20年やってきて、いきなり環境の変化に適応しようとするのは相当ショックなことだし、無理をすると心身を壊してしまいかねない。いつも降りる駅の1つ手前から歩いてみるとか、使うカバンや時計を変えてみるとか、スマホのスタートアップ画面を週替わりにするとか、いいことがあった日はパートナーに花を買って帰るとか。大げさなことではなく、ちょっとしたことでいいのです。要は、「意識して自分に変化をもたらす試みをしておこう」ということ。

皆が同じ方向を向いていた成長社会では、「○歳で結婚して、○歳でこれくらい出世して、○歳で家を買い……」というような「幸せになるためのパターン」に従っていればそこそこの幸せを手に入れることができました。いっぽう、成熟社会では、そのパターンはどんどん崩れて、昔は幸せそうに見えたことが、オセロがぱたぱたとひっくり返るように、全部裏返っていくように見えます。

40代は、子会社への出向や突然の異動命令、あるいは自分や家族の病気、反抗期の子どもや夫婦の問題など、「強制的なモードチェンジ」が波のようにやってくる時期で、抱える問題もそれぞれ個別になってきます。ですから基本的に「こうすれば○

K」という「正解」はないと思った方がいいでしょう。今後40代が直面していく問題は、ほかのどの世代も体験したことのない、前例のないことなのです。

そう言うと厳しい世の中のようですが、見方を変えれば、成熟社会とは、誰からも自由に、自分の幸せを自分で作りあげることができる時代とも言えます。

それから、私は、社会生活には演技的な要素を多分に含むものだと思っています。夫婦ならお互い「妻」と「夫」を演じ、子どもができれば「親」の立場を演じる。仕事では、社内で「新人」や「リーダー」から「課長」「部長」などの役職を演じてきたし、取引先には「交渉相手」の役を演じる。帰りに立ち寄った立ち飲み屋の店主の前では「ちょっと弱音を吐くお客」になり、今日も頑張ったなと独り言をいう「素顔の自分」をも演じながら家路につく――。

そんな具合に、様々な顔を持った「かけら」が、1つの集合体になって「自分」を作っていると思っていれば、変化にもしなやかに対応できるかもしれません。

Q　取引先の中小企業の社長から「私の片腕としてうちにきてくれないか」という誘いを受けました。伝統産業を新しい視点で再生しようとしている意欲的な姿勢にひかれているのですが、妻に相談したら大反対されてしまって……。どうしたらいいでしょうか？

A　今の仕事に疑問を持っているのなら、辞めましょう。

相談された妻の方が仕事をいい感じでやれていたり、仕事をしていなくても、参加しているコミュニティで充実した活動ができているなら、「何を勝手なことを、こちらの都合も考えないで」と反対するのは当然でしょう。それについては、相手とよく話し合って、お互いの納得いく結論を出すことをすすめます。

逆に、もしも相手が今の状況に行き詰まりを感じているとしたら、転職を機に生活を変えることでの同時モードチェンジが可能です。私の妻は、私がリクルート時代にヨーロッパに赴任することに際して、「ちょっとパリに行きたいんだよ」と言った次の日には、NHKのフランス語講座を観ていました（笑）。

自分がどうしてもモードチェンジをしたかったり、「なんとしても社長を助けたい」と思っているのなら、たとえ反対されてもやるしかないでしょう。自分の満足だけでなく、それが社会への貢献にきっとつながるからです。あなたのコミュニティの人たちも「それじゃ、助けようか」と手を差し伸べてくれるようなら、たとえ不利なチャレンジでもやってみる価値があります。

Q　共働きの妻が「会社を辞めたい」と言っています。自分としてはぜひ続けてほしいのですが……。

A　別れてもいい前提なら、好きにしていいでしょう。

前にもお話ししましたが、成熟社会では、これまで予想しなかったようなことが次々に起こってきます。経済状況を見ても、オリンピックのようなビッグイベントが終わった後にはどうなっているかわかりません。もしかしたら、辞めたいと言う妻だけでなく、両方ともが職を失っている可能性だってあるでしょう。

そうなったとき、どうやって生活をしていくか。家族というユニットを運営していく相手なのですから、具体的なところまで突っ込んで話し合いをしてみましょう。ただ、別れてもいいことを前提にするなら、好きにすればいいんです。

Q　子どもが不登校になってしまいました。妻もノイローゼ気味で、心療内科に通っています。仕事がとても忙しく、家庭のことはまかせっきりだったのですが、いきなり働き方を変えるのも難しい現状です。何かやれることはありますか？

A「正解」はありません。当面の「納得解」を導く努力をしましょう。

不登校は、大方の場合は原因が特定できない、非常に悩ましい問題です。親子関係や家庭環境が背景にあり、特に母親からの愛情を確かめているような部分もあります。しかし家庭によって実に様々なケースが見られるので、解決には父母ともに相当の覚悟が必要となります。気長に付き合うしかないのです。

毎日月曜から金曜まで、千数百万人の子どもたちが、全国の小学校、中学校、高校で、朝8時半には席に着いていることは、実は奇跡とも言えるほどすごいこと。ですから、そのシステムに合わない子どもが一定数以上いても、なんの不思議もありません。

子どもにとって、どんな環境で学ぶのがよいかは千差万別です。厳しく集団生活を送らせるのが向いている子もいるし、自然の中で土いじりをすることで自分を取り戻す子もいます。

私が中学校の校長時代にすすめていたのは、適応指導教室です。通えるときに来ればよくて、最初はお弁当を先生と一緒に食べて一緒に卓球をして帰ってもいい。3年間適応指導教室に通って卒業した生徒もいます。このように、通えなくなった子どものために、いくつもの選択肢があることを知ってほしいです。高校からは自由な時間に通えるフリースクールが充実しているし、リクルートの「スタディサプリ」のようなスマホで学習できる自習ツールも一般的になってきました。学校の人間関係でつまずいた場合には、こういう方が向いている子も多いのではないかと思います。

子どもだけではなく、パートナーにも、病気や失職などの問題は充分起こりえるでしょう。しかも以前なら、自分の親や先輩に相談すればある程度解決の糸口が見えたかもしれませんが、これからは、以前の解決法では通用しないことがどんどん増えてきます。

40代中盤からは、柔らかアタマで目の前の問題に「正解」ではなく当面の「納得解」を導く「情報編集力」がますます大事になります。存在しない「正解」を追い求めていくと、病気になる以外ないんじゃないかなと思います。

Q　SNSを通じて昔の同級生たちと再び交流を持つようになりました。最初は良かったのですが、お互い良い所しか見せ合わないことに違和感を持ち始め、つきあいをやめたいと思っています。ですが、1人だけ抜ける勇気もありません。気にしなくてもいいのでしょうか？

A　目の前にいない相手からの評価は一切、気にしなくていいです。

成熟社会では、唯一絶対の「正解」はないことは繰り返しお話してきました。今、40代のうちの結構な割合の人が、SNSなどで昔の友人や職場の仲間だった人との交流を続けていると聞きます。皆、社会の中でそれぞれの居場所を築き、ちょうど一息ついた頃で、旧交を温めたい心境になるのでしょう。

いっぽうで、そういったつながりを持つ背景には、先の見えないこれからの社会について、漠然とした不安を抱いているということもあるのではないでしょうか。本当は存在しない「社会の中での偏差値」を求めて、自分は今どのくらいの位置にいるのか、実際のポジションを知りたい。だから他人の暮らしをのぞいてみたい気持ちになるのかもしれません。

いったん人のことを気にしだしたら、確かめずにはいられなくなる。昔だったら見えないはずの他人の生活ぶりを（本当かどうかは別として）毎日フェイスブックなどで見せられるのですから。これ、一種の覗き見趣味ですよね。

また、ネット社会では、それまで生の声としては聞こえてこなかった、自分へのちょっとした批判も聞こえてくるようになります。誰々がこう発言した、こんな風にあなたを批判している、もしくは「いいね」をくれないという類のものです。

私は、この手の批判は一切見ないようにしています。自分の活動についての批判や批評をいちいち見ていたら、とてもじゃないけど、やっていられません。

批判や批評をするためだけにコメントをしてくる相手1人1人に耳を貸していたら、どんな人でも身が持たないでしょう。私の場合は、ツイッターもこちらからの情報発信にしか使っていません。1つ1つは大したことがないように見えますが、ネットを介して集まってくるマイナスのエネルギーにはすさまじいものがあります。相手をけなすことだけにエネルギーを使っている人のために自分のエネルギーを使うのは、はっきり言うと、もったいない。

批判については、ネットを通じてではなく、面と向かってキチンと言ってくれる人の言うことに耳を傾ければよいのです。

Q　会社を辞めたいという後輩の相談に乗っていたら、「この会社には、『いつか自分もああなりたい』と思えるような先輩が1人もいないんですよ！」と言われてしまいました。良き先輩であろうとしてきただけに、ショックで立ち直れません……。

A　モデルのない時代、先輩が目標にならないのは普通だと割り切ろう。

ショックかもしれませんが、今の20代、30代の人たちにとってはごく普通の感覚ではないかと思います。

20代、30代の人たちが、ここから10年、20年先、自分はどうあるべきかと考えたとき、いま組織の真ん中にいる人が理想であるとは、とても言いがたいでしょう。

これから先の10年間は、間違いなく今までとは違う時代が訪れます。そのとき勝負のカギになるのは「情報編集力」です。しかし、組織で上にいる人たちは、どちらかというと「情報処理力」が高かった恩恵を受けて今のポジションに残っていることがほとんどでしょう。その姿が、20代、30代にとって、自分の10年後、20年後の理想の姿に思えないのは当然のことです。

それでも「君が後輩たちのモデルになればいいじゃないか」と切り返すことはできます。ですが本音の部分で、「先輩がモデルなわけがないだろう」と言ってしまってもよいのではないでしょうか。

実際、40代にとっても、会社の中にモデルとなる理想の50代、60代の姿は見えていないはずですから。

Q　「残業削減・ワークライフバランス・男女ともに働きながら子育て」という昨今の働き方改革の流れ、藤原さんはどう見ていますか？

A　働くことをどうとらえているのか、自分に問いかけてみましょう。

欧米だと、キリスト教的な世界観で「労働は罰であって一刻も早く逃れるべきもの」という感覚がありますが、日本では違うのではないかと私は思います。労働時間や労働環境の問題がよく取り上げられますが、働くことが苦役だ、シンドイという人がいるいっぽうで、楽しそうに働いている人も確実に存在しているわけです。

傍から見れば長時間労働だけれども、それで体を壊すわけでもないし、早く労働から逃れようとしている人よりも元気でイキイキしている。それは、その人が仕事自体を面白がっているからです。まさに「ワークアズライフ」ですね。

私もリクルート時代、おそらく年間4000時間近く働いていたと思いますが、「働かされていた」という感覚はまったくありませんでした。それは、面白がって働いているほかの人も同じでしょうが、仕事からエネルギーをもらっていたからです。

自分の動機に合っていて、自分と組織のめざす方向性が合わさった所、つまり「ベクトルの和」の延長上で働いていれば、仕事からエネルギーをもらうことができます。

そうなると、単純に労働時間の長さで疲労度がどれくらいか、という、仕事を「疲れるもの」ととらえるような発想は当てはまらない。

このように、エネルギーをもらえる仕事をしながら自分の付加価値を上げていくことが大事であって、その上で生活とのバランスを考えていくのが順番としては適切なのではないでしょうか。

また、自分の仕事がこの先にも必要とされるものなのかについても考えてみましょう。前にも触れましたが、この先AIにとって代わられる仕事がどんどん出てきます。そうすると、人間の持つ基礎的人間力がもっとクローズアップされてきて、ロボットが登場するにはまだまだ時間がかかりそうな仕事にスポットが当たるようになるでしょう。

反対に、弁護士や医師など、現在は社会的地位の高い職業も、やがてAIが正確で高度な判例や治療法の判断を下すようになれば、かなり仕事が変質していくと考えられます。人間のインスピレーションやイマジネーションの行きつく先はどこになるのか、自分の仕事がどういう変容を見せていくのか、常に考えておく必要があります。

Q　人生に目標が大切なのはわかるけど、今を生きるので精いっぱいです……。

A　10年後を１割ずつ紛れ込ませてキャリアを複線化しよう。

そんなに先のキャリアのことまで考えられないというのなら、今の生活に少しずつ10年後のエッセンスを紛れ込ませてみてはいかがでしょう。

前に、１つの仕事をマスターするにはおよそ１万時間かかることを述べました。10年で割れば１年で１０００時間。１日ならおよそ２・７時間。通勤時間と昼休みを足せば、それくらいの時間はできると思います。

また、計算するだけでなく、ひとまずやってみることも大事です。私が東京都で義務教育初の民間校長になる初めの一歩は、息子の小学校のボランティアに顔を出したこと。コンピュータルームの前時代的な使われ方に唖然とし、父親ボランティア５人を募ってサポート隊を作ったことが始まりでした。校長になろうとか、教育を変えてみせるとか、そんな考えはなく、「小学校に行くのなんて久しぶりだな」くらいの気持ちでした。

そういえば、最近好んで着ている黒いニットのベスト。これは校長を務めている一条高校の制服のリデザインを検討した際、使いにくかった女子のベストをニットに仕立ててみた試作品です。学校でずっと着ていたところ、「マークがついていて、ハリー・ポッターに出てくる制服みたい」と生徒の間で評判になり、そのうち部活で使いたいという先生も出てきました。やがて保護者からも「作ってほしい」という声が高まり、販売することに。もし、これを校長の権限でいきなり刷新しようとしたら、大きな反発や批判を生んだことでしょう。

「先を読む」というとカッコいいけれど、初めはともかく躊躇せず、頓着せず、少しの遊び心をもって一歩踏み出してみましょう。スジがいいものだったら、道は絶対に拓けていくはずです。

Q どんな仕事に就いても、この先英語からは逃げられない気がします。当分の間は仕事で使うことはないのですが、藤原さんはどうやって英語を勉強されたのか、教えてください。

A 英語脳＝論理脳を獲得することです。

日本語は「間」の言語で、会話の間にお互いが思うことを漂わせて、「そうですよね」と結論にもっていくような運び方をします。ですから、自分の中にはっきりした意見がなくても、その場の流れに合わせて、フンワリと合意を形成していけばいいようになっています。独り言や呟くのに適した言語と言ってもいいでしょう。だから、俳句や短歌が生まれました。

いっぽう、英語は、常に自分の意見を求められる言語。「私はこうだ」と、主語と結論を明確にして相手とコミュニケーションをとる言語です。自分に意見がないと、英語というツールを使っても何もしゃべることはできません。文法や語彙の知識が豊富にあってもです。

ですから、英語が上達したいなら、自分が主体となって話す「論理力」を鍛える必要があります。理由を聞かれたときに「理由はこうです。なぜならば……」という風に、論理的に自分の意見を言えるかどうかがカギになるのです。

奈良市立一条高校は、私が生まれる前から「外国語科」を開設した先進的な学校ですが、生徒の発信力を尊重して「意見を言える生徒」を育てるために、授業中スマホをＷｉ－Ｆｉにつなげ「Ｃラーニング」というシステムを使って、意見を聞いたり、質問をさせたり、時には授業に対する評価もスマホを通してさせました。

かく言う私も、初めから英語がスムーズに上達したわけではありません。本格的に力がついたのは、リクルート時代のヨーロッパ赴任で出会ったある会社との契約を締結したときです。先方の社長に事業の説明をし、契約書を英語でそろえ、国際電話で不備を指摘して修正させていく過程で、全体的にググッと力量が上がっていきました。

「何も目標がないけれど、できた方が何かとよさそうだからとりあえず英語を学ぼう」という姿勢では無理がある。明確に達成したいことがあって、そのために英語を駆使するという機会や動機があったことがプラスに働いたのでしょう。

日本の相撲部屋に入門した外国人力士が、短い期間で日本語を流暢に話せるようになるのも、幕内に上がりたいという目標がはっきりしているからでしょう。

もう1つおすすめは、前に紹介した「運動エネルギー型」の履歴書を英語で書いてみることです。ヨーロッパに赴任する前、私も実際に作成し、英語の講師に見せて指導を受けたのですが、「それで結局お前は何をしたのか＝'Then, what did you do ?'」をチェックされました。どんな部署で、どんな役職についたのかではなく、どんな仕事を経験し、どんな役割を演じたのかを徹底的に訊ねられました。

吟味してA4一枚くらいにまとめ切ると、きっと自分の「運動エネルギー」の軌跡がクリアに見えるはずです。

これを暗記してしまうこと。すると構文がいくつも頭に入るから、単語の入れ替えでしゃべれるようになる効果もあります。

Q　コミュニケーションが下手なことを自覚しているので、これからコミュニティに参加していくことができるか、とても不安です。スムーズに参加するコツがあれば、ぜひ教えてください。

A　自分ができることから率先して貢献することです。

私が校長を務めた杉並区立和田中学校は「自立貢献」を目標としていました。

こう言うと、「自立して貢献する」と解釈されますが、私は、人は何かに貢献すればするほど自立度が高まると考えています。いくら「自分は自立した」と言ったって、それは思い込みかもしれません。そうではなくて、人は周りに貢献すること、ほかの人を喜ばせることによって認められ、クレジットを積み上げていくことで、結果的に自立していくのだと思うのです。

ですから、まずは自分ができることで貢献することが大事。テニスのコミュニティに入るなら、まずはメンバーのためにコートを予約したり、終わったときは真っ先にコートを整備したり、連絡網を整備したり。テニスの技術がなくても、今自分にできることで、メンバーに貢献できることから始めるとよいでしょう。

第4章

45歳からの「くらしと家族」
――人生後半を充実させるために、今やっておくべきこと

これからカギになるのは「複線型の人生設計」

人生の山が複数ある時代になった

２０１６年の日本人の平均寿命は、男性が80・98歳、女性が87・14歳で、いずれも過去最高を更新しました。明治時代（１９００年代）には40歳代だった人生は、現代では、なんと倍になったわけです。

今や人生は「90年時代」に突入し、１００歳を超える方も珍しくなくなってきました。社会を見れば、60歳が標準だった定年も、65歳へと延長されています。政府は、年金の支給を70代からにする案の検討を始めました。

「人生90年、１００年時代」が本格化すると、60～65歳で定年したとしても、あと30年人生が残されている計算になります。時間にすると、およそ26万時間です。

これまでの30年、自分が何をしてきたかを振り返ってみてください。ほとんどの人が学業を修め、それぞれ就職して仕事を覚えてきたでしょう。その間に、恋愛や結婚などの経験を経た人も多いと思います。

そして今は、おそらく40代から60代へと向かう途中でしょう。仕事盛りのこの30年間で1つの山を築き、住まいを構え、子育て中の人もいるはずです。転職や転勤で、異なる文化の中でもまれた体験も重なっているかもしれません。

いずれにしても30年というのは、それなりに密度の濃い時間であったはずです。それが、定年の声を聞く頃、もうひとかたまり待ち構えているのです。

ということは、人生は、富士山のような大きな山を一度登って降りる「一山主義」のイメージではとらえきれないものになったと言えます。そのことを示したのが、次ページの「人生のエネルギーカーブの世代間の違い」の図（［図6］）です。

これは、司馬遼太郎が描いた明治時代の小説『坂の上の雲』世代と、昭和・平成、そしてその先を生きる現世代、その子や孫世代の、それぞれの人生観の違いを表しています。

『坂の上の雲』の主人公で、ロシアのバルチック艦隊と戦った秋山真之も、明治期の文豪である夏目漱石も49歳で亡くなりました。この頃は、40代で一仕事終えたら、あとは余生でよかったのです。

現世代のほとんどは、昔の人々のそんな人生観を引き継いでいて、人生のイメージを「**富士山型一山主義**」でとらえています。ところが、昔と違って寿命は倍に延びていますから、これだと、人生後半のくだりの道が異様に長くなってしまう。バブル崩

［図 6］「人生のエネルギーカーブ」の世代間の違い

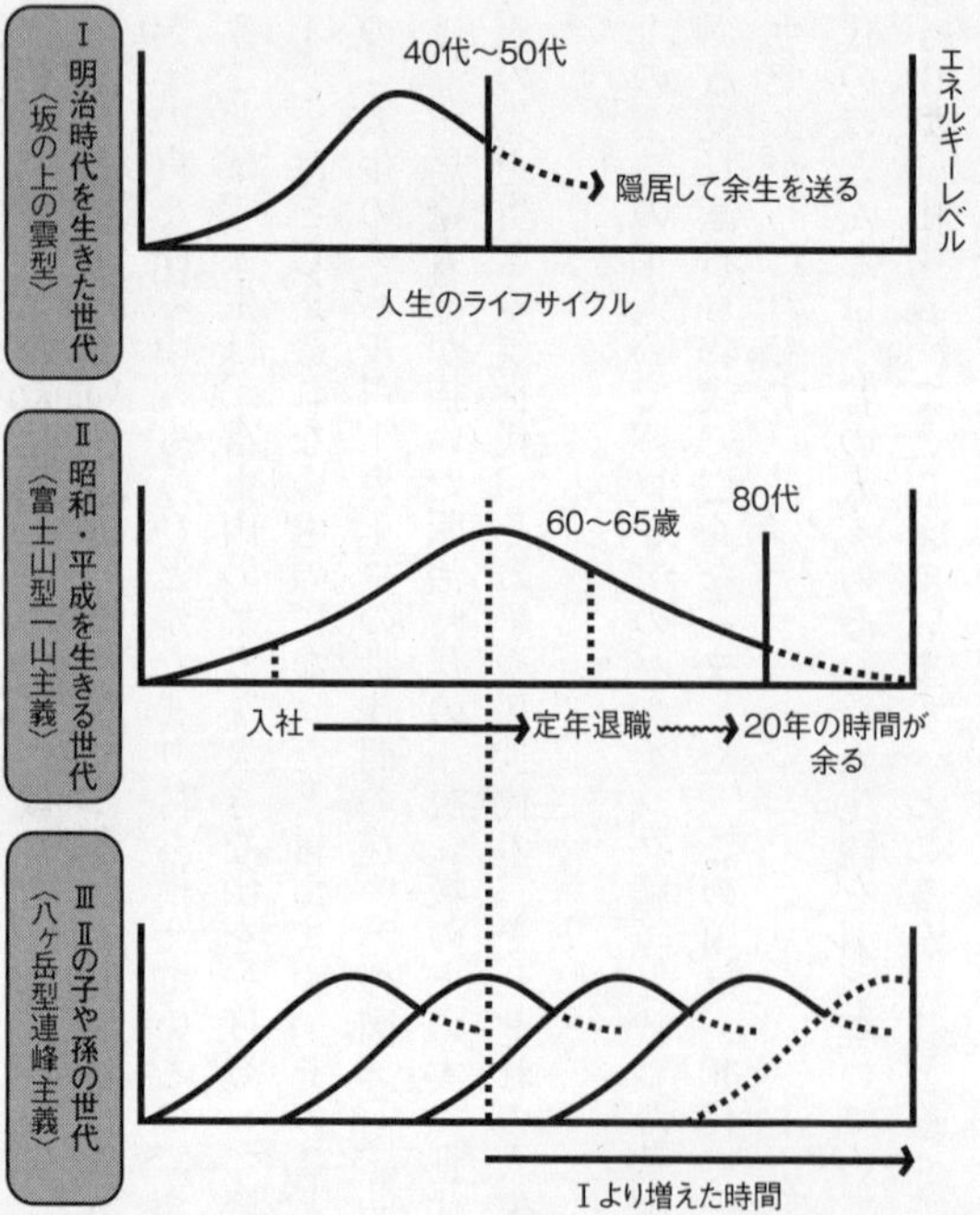

壊後の経済状況にも言えますが、長すぎる下り坂は、ただきびしさが募っていくだけです。

したがって、新世代（子や孫）だけでなく、私たちの世代の人生観も、一番下のように、いくつもの山が連なる「八ヶ岳型連峰主義」に修正する必要があるのです。

人生に新しい山並みと、その「裾野」を作ろう

ただし、その連なりを作っていくのは自分自身になります。

図の一番下を注意深く見ればわかるように、メインの山（たとえば現在の仕事や組織での役割）を登っているときに、同時に左右に新しい山並みの「裾野」を準備しておく必要があるのです。というのは、今の組織の山を登り終えて（定年が近くなり）下り坂に入ると自動的に次の山が用意されるわけではないからです。官僚や大企業トップの天下りの例は別として、ですが（笑）。

だから、主軸となる仕事上の主峰の左右に、それぞれ2本くらいの裾野を作り、自分の人生を「山」から、やがて「連峰」にしていくイメージを持ちましょう。

そのためには、**自分が所属する場所＝コミュニティを複数持つこと**です。所属できるコミュニティが複数あることで、多様な人たちとの新たなネットワーク＝人生の裾

野が拡がります。このことが、これから豊かな人生を送るカギになってきます。

コミュニティの作り方にはいろいろな方法があります。子どもの小学校の地域コミュニティでもいいし、被災地支援のコミュニティでもいいでしょう。昔興味があった「鉄ちゃん」コミュニティを復活させるのもいいし、出張のたびに新たな食事処を開発する「孤独のグルメ」コミュニティを有志と結成してもいいかもしれません。

自分の好きなこと、子どもに関連すること、自分の暮らしや生活にうるおいをもたらすものなど、興味や関心の赴く方向に踏み出せば、それまで想像していなかった新しい世界が拡がるはずです。

フジハラ流「裾野」の拡げ方

私たち夫婦の場合は、共通のコミュニティの1つに「テニス」があります。

私は和田中の校長を退職した52歳のとき、その春から近くのテニススクールに入会し、まず100レッスン通いました。1日に1時間半のレッスンを2回受けていたので、非常勤のコーチよりも長くコートに立っていましたし、コーチ全員に当たっていましたから、スクールのオーナーが、それぞれのコーチの評判や癖について私に尋ねてくることもありました（笑）。

こういうコミュニティで自分の居場所を確保したければ、一気に「中級」にまでなってしまうのがミソです。テニスの場合でも、そうでないとダブルスの試合をしてもミスばかりで「すいません、スイマセン！」と謝ってばかりになってしまいます。すると、プレイが萎縮してミスを連発し、自分自身も、相手になってもらうプレーヤーも、お互い面白くなくなってしまいますから。

いっぽう、ダブルスの草試合に耐える中級レベルにまでなってしまえば、「コート取れたんだけど、都合はどう？」と、周囲が誘ってくれるようになります。今では、テニスのコミュニティだけで3つ以上あって、夏は八ヶ岳や河口湖で合宿しています。上級クラスの友人の誘いで、元全日本チャンピオンが遊びに来てくれたりするようにもなりました。

校長をしていた一条高校でも、女子テニス部の練習に加わることがありました。コーチでも顧問でもなく、ただただ一緒に練習する一部員として、です。男子のボールはとても打ち返せないので、女子の練習に加わっていたわけです（笑）。

高校生との交流にも、50代から身につけた技術が生きました。

何かに貢献できるコミュニティを作る

いっぽう、私は、「60歳からは恩返しの人生だ」という考え方を持っています。

そこで、国内外を問わず、何かに貢献できるようなコミュニティを作り、活動することを続けています。たとえば、東日本大震災後の被災地の復興において、宮城県石巻市雄勝のコミュニティの再生に加担しました。

この活動で、現地の中学生や高校生、学校関係者、漁師さんや自治体の職員との関係はもちろん、東京側で支援にあたる応援団同士のネットワークも広がりました。

今は、雄勝の旧桑浜小学校跡地に建設された自然学校「MORIUMIUS（モリウミアス）」を継続的に支援しています。また、宮城県石巻市の雄勝付近から産出する雄勝石を文字盤に使った復興腕時計「japan311」を開発して、その収益金で和太鼓を寄贈し、重要無形民俗文化財の雄勝法印神楽を復興しました。

海外では、アジアに10年間で200を超える学校を寄贈している「アジア教育友好協会（AEFA）」をバックアップして、ラオスとネパールで義務教育を受けられない子どもたちのために学校を建設する「アジア希望の学校基金（WANG/Wisdom of Asia for Next Generation）」を設立。

2016年2月、ラオスのパチュドン地区初の高校の開校式にリクルートやヤフーの仲間たちと行ってきました。震災で壊れたネパールのジャナター小学校の改築支援では、経営コンサルタントの大前研一さんも参戦してくれました。

２０１８年3月には、キングコングの西野亮廣さんを連れて再びラオスに入り、校舎を寄付した小学校の開校式で西野さんの絵画教室を行うとともに、パコ族のピコ村という嘘みたいに可愛い名の少数民族の村に中学校を建てる計画です。

ワクワク、ドキドキのトキメキを演出する

自分が所属するコミュニティでの人間関係をより豊かなものにするには、マンネリに陥ることのないように、継続的な投資が必要になります。ちょっとしたサプライズを仕掛けながら、ワクワク、ドキドキのトキメキを演出することで、コミュニティの新鮮さが保たれるからです。

私自身は、自分がリクルート時代から、会社のイベントでプロデューサー兼演出家のような役割だったこともあり、自分がサプライズを仕掛けられたら沽券にかかわると思っていました。ですから、いつも「仕掛ける側」です。

たとえば、自分の還暦パーティーでも、銀座の「俺のフレンチ」と「俺のイタリアン」の両方を借り切って、１５０人のお客様に楽しんでもらいました。

最近は、家族のお祝い（たとえば両親の結婚記念日など）を子どもたちが仕掛け、サプライズでレストランに連れて行かれると、おっとそこにはたくさんの友人が！　というケースも多く見受けられるようになりました。でも、そういったお祝いを、自分たちから仕掛けてみるのも面白いでしょう。友人や子どもたちにサプライズで仕掛けられるのも楽しい経験ですが、自分で演出すれば、自分自身の人生の過去、現在、そして未来をプレゼンするような場を作ることもできます。

最近結婚した長男には、それまで撮りためていたビデオを、プロにお願いして1本のDVDにしてプレゼントしました。産院の分娩室で生まれた直後に撮影した母子のシーンもあり、万感の思いとともに2人に贈りました。

このような演出は、ヨーロッパの人たちが得意です。長女はパリで生まれましたが、パリの友人たちは娘が生まれるとその年に仕込まれたワインを何ダースも買っておいてカーブに仕舞い込み、20年後、30年後の彼女の結婚式で、そのワインを開けて来賓に振る舞うそうです。洒落てますすよね。

リメンバー「1万時間」の法則

前にも触れた通り、人が何かをマスターするには、およそ1万時間かかると言われています。長いなと感じるかもしれませんが、１日に３時間取り組めば１年で１００0時間になるから10年、１日６時間集中してできるのであれば５年で済みます。

仕事でも、趣味やスポーツでも、１万時間、つまり５年から10年あれば、１つのことをマスターできるとわかれば、これからの40～50年間で、あと３つから６つくらいは、裾野から始めても「山」を作ることができることは、もうおわかりでしょう。

このあとの人生をどう形作るか、自らに問いかけ、あるいはパートナーと議論する中で、人生の視点・視線・視座・視野を複数にしておいてください。そのことが、後半の人生への覚悟を決める、またとない機会になるでしょう。

ＡＩ化が進む今だから、あえて時間のかかることをやってみる

「超便利社会」の落とし穴

私自身は喧騒や雑踏も含め、都会的な物事に囲まれて住まいたい方なので、歳をとるほど都心に、という主義です。

そんな「都会派」なら、24時間営業のコンビニの近くに住んだ方が圧倒的に便利でしょう。安全面を考えても、いざというとき駆け込める安心感があります。一条高校

の校長を務めた間、高齢の両親も一緒に奈良に連れて行って同居しました。そこでも、出張中のセキュリティ面を考えて、商店街の入口にあるコンビニの裏に住むことに。

コンビニにはこのような利点があるいっぽう、あまりに便利すぎるために生じる問題もあります。巨大な自動販売機とも言えるコンビニは、入ってから出るまで誰とも会話をせずに買い物を済ますことができます。店員のお兄さんは「ありがとうございました」と声をかけるかもしれませんが、それはマニュアル上、そう指示があるからに過ぎません。

このように、便利すぎることは、人からコミュニケーションの機会を奪っていきます。やがて、製品に埋め込まれたチップや超小型のセンサーによって、AIが人間がやりたいことを先取りしてやってくれたり、環境を整えてくれたりする日も近いでしょう。

たとえば自動車はすでに自動運転の仕組みが普及しようとしていますし、ネット上の通販サイトでは、買い物履歴などのデータから、「あなたにおすすめ」の商品が自動的にピックアップされて出てきます。スマートウオッチを身につければ、脈拍や呼吸数を自動的にカウントして、「そろそろ運動しましょう」とか健康上のアドバイスまで即時に出してくれます。

こうなると、人は考えなくても生きていくことができます。これが「超便利社会」の落とし穴です。

さて、後にはいったい何が残るでしょうか？

「面倒なこと」に時間をかける贅沢を

ひと昔前の成長社会では、会社でも生活でも、効率を重視して時間をかけずにやれる人が「できる人」と呼ばれました。前にも触れましたが、物事を処理する能力＝情報処理力の高い人が求められていたのです。

もちろん成熟社会の今でも、情報処理力が高い方が何かと有利なことに変わりはない。しかし、これからは、あえて面倒なことをやってみたり、手間のかかる道を選んだりすることが必要になってきます。「超便利社会」の便利さに甘やかされていると、**本来自分が持っている創造性や遊び心がどんどん薄れていってしまう**からです。

「何でもやってくれるのだから、お任せでいいじゃないか」と思うかもしれませんが、生活の楽しみまでもほかにゆだねていると、自分が何を楽しいと感じ、何をしたいと思っているのか、だんだんわからなくなってきます。そうして、ひたすら受け身でいると、いざというとき、自分で何かを判断したり、自主的に行動したりできなくなるのです。

最近、芸能人や著名人のちょっとした言動に対して、ネットの掲示板などがたちまち「炎上」する現象が見られるようになりました。実はこれも、今の人たちが自分で楽しみを見つけたり、自分で価値判断をしたりする力が弱ってきていることの現れではないかと思えてなりません。生きる楽しみや目的を自分で見いだせないままこれから先の数十年を生きるのは、たとえAIがどれほど発達しても、決してラクなことではないでしょう。

人づきあいも同様で、離れていてもすぐにつながるSNSの便利さから遠ざかってみると、いかに自分が、自分の人生とは関係のない他者、つまり「世間」からの見栄えや評判を気にして生きてしまっているかがわかるはずです。

「友あり、遠方より来る」の方がよほど喜びが大きいというのに。

ほしいものがあれば、自分で作ってみる

「時間をかけること」の一例として、ほしいものがあれば、お金を出して完成品を手に入れるより、自分で作ることにしてはどうでしょうか。

私の場合、それは腕時計のデザインから始まりました。

日本磁器誕生・有田焼創業
400年記念モデル
SPQR arita 400
SPQR
Superiore Precisione
Qualita Riservata

自分自身でプロデュースした腕時計「japan」シリーズ。有田焼の白磁文字盤のシリーズは、ちょっと青みがかった「赤ちゃんの白眼の色」と評判。（写真提供：藤巻百貨店）

杉並区立和田中学校の校長としての5年の任期を終える頃、中学のときに親に買ってもらって以来40年間使っていた腕時計、セイコー「ロードマチック」が壊れました。これまでも何度か修理してもらっていたのですが、時計屋に持ち込んでも「もう動かない」と言われました。ちょうど学校長を卒業するタイミングでもあったので、自分へのご褒美として新しいのを買ってもいいかなと考えたのですが、どうも気に入ったものがない。ゴテゴテしたクロノグラフ・タイプは嫌だし、いかにもブランド物というのも気に入らない。気品があって、ネオ・ジャパネスクなデザインがいい。

日本の職人の技術の結晶のような物が作れないものか……そう思い悩んでいたところ、諏訪の時計師、コスタンテの清水新六社長と出会ったのです。

とはいえ、ただアイデアを話しただけで、製品化されることは普通ないでしょう。私は、それまで集めた

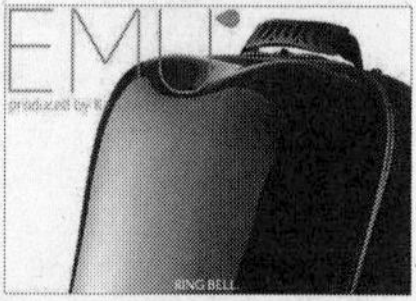

同じく自分で開発したハードシェル型リュック「EMU」。「大人のランドセル」との呼び声も高い。（写真提供：リンベル）

様々なメーカーの時計の資料をコラージュし、スケッチを加え、限りなく実物に近い具体的な形に落とし込んだ案を提示しました。そこまでやると、職人も「これは本気だな」と思ってくれます。そうして、自分自身でプロデュースした腕時計「japan」シリーズが誕生しました。

同様に、「なかったら作ってしまおう」という発想で、仕事帰りにテニスやジョギングが気軽にできるよう、ハードシェル型リュックの開発にもチャレンジしました。

リュックにラケットを突っ込み、シューズも入るようにデザイン。パソコンやタブレットを入れても衝撃に耐えるし、ゲリラ豪雨が降っても布のリュックのようにビショビショになりません。飛行機の手荷物室にちょうど入る最大の大きさだから、意外と容量があり、海外への1週間前後の出張も、これ1つでOKでした。

奈良の地だからこそ思いついた「礼服」

もう1つ、奈良で作ったものに「礼服」があります。

和田中学校の校長を務めた5年間、私は10回に及ぶ入学式と卒業式を、リクルート在社時のロンドン駐在中に仕立てたスーツに、金色のネクタイを締めて出席していました。

ところが一条高校の校長に就任した際、「入学式には正装してほしい」と、市の教育委員会から言われたのです。「なんでだろう？」とは思いましたが、郷に入れば郷に従えというわけで、初年度の入学式だけは、奈良だからと和服をレンタルして臨みました。着付けを含めて5万円かかりました。2年間で4回利用すれば20万円です。奈良では、校長に就任すると燕尾服を仕立てるのが慣例なのだそうです。

日本の古都奈良には1300年の歴史の重みがあるのに、なぜ西洋のジェントルマンの真似をして式に出なければならないのでしょうか。

私は「おかしい！」と思いました。そこで、聖武天皇の頃の正装や興福寺国宝館にある八部衆が来ている衣装なども参考に、偶然縁のあった制服メーカーの開発部長と、新しい「礼服」を開発することにしたのです。

ボタンと胸元の飾りは後からオプションで付けたのですが、聖武天皇が愛用した碁石と同じように撥鏤（ばちる：象牙に褐色（かちいろ）と朱で染色し模様を彫り込んだ）細工を施しました。これは、正倉院の撥鏤細工の復刻工芸師によるもの。

結婚式でも葬式でも、そのほかの式典やパーティーでも、40代後半からは「礼服」

を着ていく機会が増えるかもしれません。

個別生産のススメ

すでに時代は、大量生産の時代から、多品種少量生産の時代を経て、1個からでも作れる個別生産の時代に入っています。

私は別に、特別に時計やカバンや礼服に詳しいわけではありません。

ここで言いたかったのは、専門的な技術や知識や生産手段がなくても、誰もが生産者になれる時代を生きているということ。身の回りの品に限らず、オリジナルのアイデアを生かした住まいの改築なども充分に可能でしょう。

不特定多数の消費者に向けて作られ、デパートやネット売り場に並んだ完成品を前にして「どれにしようか」と買い急ぐのではなく、たっぷり時間をかけて、自分だけのものを手作りした方が断然楽しいはずです。限られた選択肢から妥協して選ぶよりも、ほしいものを形にするためにあれこれ知恵を出すことで、脳が活性化し、人に語れる物語も生まれるでしょう。

「そうはいっても、自分にはデザインのセンスがないからなあ」という人は、デザインできる友人に頼んでみてはどうでしょうか。「作るといっても工場もないし、技術もない」という人は、工場にアウトソースする方法もあります。

ネット上には、気に入った素材を送れば思い通りの形に仕立ててくれる個人のパタンナーや縫製士が出店しています。洋服以外にも、靴やカバン、メカに至るまで、特定分野でものづくりができる職人は、思った以上にたくさんいるのです。

自分の考えたものを形にしてくれる人を探していく行為そのものが、人に語る価値を持つ物語になります。実際に出会えたら感動ものでしょう。

豊かに「住まう」とは？

奈良で両親と同居して「鹿セラピー」

奈良市立一条高校の校長を2年間務めるにあたって、私は2016年の4月から、91歳で介護度3の父と、85歳で元気な母と3人で奈良に転居して暮らしました。

東京では、私の家から父母の暮らす実家までは2駅の距離でしたから、両親とはまずまず、いい感じの関係を保ってきたと思います。近居については「スープの冷めない距離」という比喩がよく使われますが、私たちの場合、「歩いて数分以内」という距離ではないにせよ、電車なら15～20分、歩いても30～40分くらいだったので、ちょうどいい距離にありました。子どもたちと犬を連れて自転車で実家に行ったり、父も元気な頃はよく歩いて散歩に来たりしていたものです。

また、父が夜中に具合が悪くなって母が救急車を呼んだとき、救急車が搬送する前に私が駆けつけることができたこともありました。そのまま母と救急車に乗り、病院で緊急手術を受け一命を取り留めたのです。

当時、私が60歳にして両親を連れて奈良に赴任したのは、父のリハビリのためでもありました。手術を終えた後、マンションの部屋を出なくなっていたので、足腰がすっかり弱っていたからです。奈良公園に近いところに住み、毎日鹿に餌をやりに散歩させれば、ちょっとは元気になるだろうと考えたのです。私はそれを「鹿セラピー」と勝手に名付けました。

狙いは当たり、父の表情も以前よりは豊かになりました。一緒に夕食を食べ、ときに自ら介護に参戦することで、母の苦労を直接体感することもでき、改めて感謝の念も深まった。近居のままでは、正直に言うと、見て見ぬ振りだったかもしれません。この同居をきっかけに、両親との間に新しい関係ができたように思います。

おかげさまで父は、奈良公園の浄土を模した天国の風景を目に焼き付けてから、大往生いたしました。

「ナナメの関係」を近居・同居で作る

ここで教育的な立場から、祖父母との関係が子どもに及ぼす影響について触れておきたいと思います。子どもは、親や先生との「タテの関係」や友達同士の「ヨコの関係」の中で生活しています。

まず「タテの関係」ですが、これはどうしても上下の力関係がはっきりしているので、教え（あるいは指示命令）に従うかどうかの関係になります。つまり、反発や反抗も起きやすいわけです。

では、ヨコの関係があればコミュニケーション能力が育つかというと、必ずしもそうはなりません。なぜなら、同じ文化の中で育った者同士なので、言葉を交流させなくても通じ合うようなところがあるからです。お菓子を食べながらスマホやDSでゲームをやったり、LINEでメッセージをやりとりしていれば、たとえ無言でも友達付き合いは成立します。

ですから、ヨコの関係だけでは、自分の意見を発言したり、相手から思いや考えを引き出したりするようなコミュニケーションは意外に育たないのです。日本語は「独り言の応酬」とでも呼べるような、つぶやきを重ねていく傾向が強いため、価値観が異なる他者と関係を切り結ぶ技術を十分に練習する場がないことも背景にあります。

だからこそ、お兄さん、お姉さん、おじさん、おばさん、おじいちゃん、おばあちゃんという立場の人たちとの「ナナメの関係」が大事になってきます。

学校における部活動での先輩後輩の関係も含まれますが、ここで大事なのは、利害関係のない第三者との自由な関係なのです。ナナメの関係が豊かな子は、自然にコミュニケーションの機会に恵まれます。ナナメの関係の大人とは、上下の支配関係ではないし、友人との「なあなあの関係」でもないので、自由なコミュニケーションが引き出され、感受性を養う格好の訓練になるからです。

ナナメの関係が大切なのは、大人も同様です。会社や役所のような組織で部署の上司に直接説教されるより、たとえ同じ指摘を受けたとしても、ほかの部署にいるナナメの関係にある先輩から言われた方が、はるかに聞く耳を持ったという経験が、あなたにもあるのではないでしょうか。

同居、近居は、子どもの教育という観点でも、コミュニケーションを創出して感受性を養う、よい機会となります。遠距離でそれが難しい場合は、近所の人たちとのつながりや、自分の友人家族、趣味の集まりなど、「複線型」のコミュニティが大いに役立つでしょう。

アイデアがあれば「美術館」にも住める

住まいに対する意識が変わったのは、社宅で1人暮らしを始めた頃からです。

父が裁判所に勤める公務員だった関係で、生まれたのは、昭和30年代初期の、長屋のような木造の公務員住宅でした。その後、当時先進の鉄筋コンクリート造りのモデル住宅が建ち、そこに移りました。1964年の東京オリンピックの年には、アパートの横にある教育大駒場（現・筑駒）の体育館にバレーボールの日紡貝塚が練習に来るというので、皆で覗きに行った覚えがあります。公務員住宅は2度転居しましたが、その後は父が購入したマンションに、27歳まで居候していました。

それまでは両親の住まいで1人部屋をもらい、ホテルのように寝に帰るだけでした。入社したリクルートでは、朝7時過ぎには家を出て、夜も11時前に帰ることはない日々を送っていたからです。

20代後半になって少し余裕が出たこともあり、もともと興味があった絵画を購入するようになりました。手に入れたのは、当時、一世を風靡したヒロ・ヤマガタやティン・シャオ・クァンのシルクスクリーンです。勝どきの社宅に住み始めたときには、早速絵を持ち込んで各部屋に掛けました。

このとき、ふと「家にたまたまいくつか絵が掛けてあるというより、美術館に住んでいると考えた方が盛り上がるな」と考えついたのです。

私は早速銀座の伊東屋に出かけ、「かちどき美術館」と銘の入った表札を作り、玄関ドアの横に掲げました。ちょっと高級そうなマークは友人に頼んで作ってもらいました。それからは、画廊などに入るときも、会社の肩書きではなく「かちどき美術館　藤原和博」とサインするようにしました。

これだけで、ずいぶん気持ちが豊かになった気がしたものです。

調子に乗った私は、ベランダの手すりに付属している物干し竿を通す金具の上に、東急ハンズで買ってきた2メートル長の板を渡し、ハイチェアを4つ置いてバーカウンターにしつらえました。マンションからは、正面には観光船が行き来する隅田川、左手に勝鬨橋と築地市場、その奥に東京タワーが見える絶景だったからです。

以来、お客を接待するのも、銀座のバーより、自宅に連れてきて飲む機会が増えました。まずリビングでテイクアウトのお好み焼きなどをご馳走してから、わざと閉めてあったカーテンをおもむろに開け、「当美術館の最高傑作は、作者不詳のＴＯＫＩＯでございます！」などと言いながら、ベランダに案内していました。この演出は、ゲストに大いにウケました。

永福町に自宅を構えてからも、「永福町美術館」のマークを作ってロゴにしていました。玄関の格子ドア越しには、正面に、ティン・シャオ・クァンの「パラダイス」、ダイニングとつながった和室の奥の床の間のようなスペースには、同じ作家の「母と子」を飾っています。

飾るのは、有名アーティストの作品でなくてもよいのです。ポイントは、自分の住む空間をどんなものにしたいのか、少し遊び心をもって見直してみること。

高いお金を出して絵を買うのではなく、リゾート地のギャラリーなどに飛び込んで偶然見つけた無名の新人を育てるのもよいでしょう。その作家と親しくなれば、オリジナルの1点ものを制作してもらうことも可能になります。

わが子の描いた絵や、パートナーが撮影した趣味の写真を、きちんと額装して飾るだけでもよいでしょう。金銭的な価値にかかわらず、自分が大切にしているものを、生活の中で毎日目にすることは、何よりの癒しになるはずです。

象徴的な1つのものから、住まいの「意志」を統一する

住まいを快適なデザインに統一したいと思うときに便利なのは、自分が気に入って長年使っているものや、夫婦あるいはパートナーと一致して趣味が合ったものを1つ

選び、全体のコーディネートの「素」となるものを決めることです。

住まいの中をあれこれ直し始めると、それぞれのデザインがちぐはぐになってしまうことがよくあります。仮にインテリア・コーディネーターに依頼した場合でも、最初に色々インタビューを受けても、何がいいのか、自分の好みの色味はどうか、材質はどうなのか、なかなか素人には確信が持てない。また、後からちょっとしたことで意見が変わったりもして、家族の同意を得るのがさらにややこしくなることも、ままあります。

それよりも、全体のデザインの象徴となるものを、1つ選んでみましょう。1個の茶碗でもいいし、バッグでもいいのです。お気に入りのぬいぐるみや大好きな花でもいい。住まいの方向性を決める象徴となるものを1つ選び、他のものはすべて、その色味や質感に合うものをコーディネートしていくのです。

私がその方法を学んだのは、37歳でロンドン大学ビジネススクールの客員研究員として、家族とともにロンドンに渡ったときです。そのとき在籍したのが「センター・フォー・デザイン・マネジメント」という部門。センター長のアンジェラ・デューマという女性がビジネススクールの改築デザインを担当したとき、最初にやったのがこの「象徴を選ぶ作業」でした。

彼女は、スクールの全教授に何十という種類のグラス（ワイングラスやシャンパングラス、カクテルグラスやウイスキーグラスなど）を見せ、新しいビジネススクールの建物に合うと思うデザインのグラスを選ばせてランキングを作り、そのグラスを選んだ理由を分析しました。

「新しい校舎のエントランスで水やお酒を飲むとしたら、あなたなら、どのグラスが一番似合うと思いますか？」と教授たちのイマジネーションに問いかけ、一番人気のワイングラスのカラー、形状、質感に合わせて、エントランスから窓の形状まで、すべてのアイテムのデザインを決めていったのです。これはシンプルだが、強力な方法だと思いました。

1つ象徴的なデザインのものがあると、すべてをその商品のデザイン・コンセプトの支配下に置いて、末端までデザイン基調を揃えることが可能になります。そう考えると、たとえば航空会社の機体やロゴ、制服、老舗百貨店のしつらいや包装紙など、すべて統一されたデザイン・コンセプトの中にあることがわかります。

この、波の広がるような一貫性が、センスの良さを感じさせる鍵になるのです。

あとがきにかえて――地球上に初めて出現した「人生が100年ある国」にて

生き様がまったく違ってくるのだから、社会通念を変えなければ行き詰まってしまう。だから、私は日本社会に対して2つの提案をしたいと思う。

簡単な意識改革だ。

(1) 成人を20歳とせず、40歳からと考えよう。
(2) 高齢者を65歳からにせず、75歳からとして制度設計をし直そう。

以上である。

制度的には18歳から成人とする話が進んでいるが、意識としては逆に、もっとゆっくり大人になろうというわけだ。

江戸時代までは人生が50歳くらいまでだったから、15歳前後で元服させて大人とし、戦場に参戦したり、嫁いだりした。

近代化後、寿命が延びて、成人になるのは20歳まで引き延ばされ、60歳まで働くようになった。

予防医学が功を奏し、衛生面でも成功して日本人の寿命は延びた。さらに遺伝子操作やサイボーグ技術を含むＡＩ医療が発達すると、日本には「人生が１００年ある国」が出現する。90年だとしても、大きな病気をしなければ、75歳までは現役の意識だろう。60歳や65歳で老人と呼ばれても困ってしまう。

もちろん、映画が１０００円ちょっとで観られるのは嬉しいのだけれど（笑）。

だとすると、大人の定義も変わっていいのではないか。

60歳まで働いて80代まで生きた社会で20歳が成人だったのだから、75歳まで働いて90代まで生きる社会では「40歳成人説」くらいがちょうど良い。

つまり、あまりに早熟に生き急いでも、やることがなくなってしまうのである。20代や30代で大人として完成してしまったら、あと60年どうしたらいいかわからなくなる。暇をつぶして生きろと言っても、せいぜい10年、20年で飽きてしまうはずだ。

これからは、晩生（おくて）の方がいい。20代、30代には、思いっきり恥をかく人生の方が、のちのち味わいが出てくるのである。

また、本文第1章に示したように、これからは、45歳から30年間の仕事の中で、どんな大三角形を形作るのか、どんな希少性を確保するのか、どんな人生のピラミッドを建てるのか……その美意識や哲学性を問われる時代になるだろう。

だからこそ、折り返し点の「45歳の決断」が鍵になる。

私の場合は、東京都で義務教育初の民間校長になることだった。読者にもこのような勇気ある決断ができるようにエールを送ろう。いや、勇気というのは格好良すぎだ。計算ずくでも無理である。無謀な一歩を踏み出せば良い。

その無謀さが、あなたの未来を拓くことになるから。

2018年4月1日

教育改革実践家／「朝礼だけの学校」校長／元リクルート社フェロー　藤原和博

【文庫版特別対談】

「とにかくやってみる、でも楽しくね（Just do it, but play for fun!）」

為末大×藤原和博

1　三角形の3歩目が、いつ巡ってきてもいい状態にする

為末大42歳、難しいところに立ってます

為末　今、僕は42歳なんですけど、この本（『45歳の教科書』P52参照）を読みながら、けっこう難しいところに自分が立っているなと改めて思いました。最初のキャリア、ここで言う三角形の1歩目は陸上選手として、オリンピックにも行けたからそれなりに遠いところに着いたと思うんですよ。で、2歩目は「世の中にコメントを出す、発信する」というところに出して、次に3歩目を置かなければいけないところに立っていると思います。

1歩目のキャリアは、自分は先駆者でしたし、またかなり長くやっていたので、どちらかというとみなさんに経験を伝える立場にまでなりましたが、2歩目を置いて落ち着いたところで、さらにこれから3歩目というのが難しいなあと思ってます。それこそ、ライフワークも決めていかなければならないところなんですが。

藤原 たとえば、乙武洋匡君（44歳）はデビュー作の著書『五体不満足』は500万部超ですよ。だから完全に「五体不満足」の人になってしまった。

2歩目としてスポーツライターになったんですが、本当にそのままプロとしてやっていけるのか彼も悩んだわけです。そんな時に、文化戦略会議で教育関係の分科会があってそこで会ったんです。私はその頃、杉並区立和田中学校の校長をやっていたので、「乙武君、次は校長なんかどうなの？」と言ったら、「それはどういう資格があればできるんですか？」と返してきたんですよ。

そのあと、谷川俊太郎さんが同じ杉並区に住んでいて、ご好意で和田中の新しい校歌を作ろうという授業をやってくださることに。俊太郎お父さんが作詞、息子の賢作さんが作曲で3学年全部やってくれることになったんです。お礼は給食を食べてもらうだけ。1食289円！

為末 現物支給！（笑）

藤原　HPで予告したら、乙武君が興味をもって授業を見学にやってきて、そこから教員になりたいという話になりました。それで、明星大学の通信制教職課程で免許を取ったんですよ。

本当は、新宿の出身だから新宿区でできればよかったんですが、（新宿区教委は）そのリスクをとらなかった。杉並区の教育長は井出隆安さんで、東京都教育庁の指導部長、つまり東京の6万人の教員を従える現場上がりのトップ経験者。その人が、指導主事に乙武君が何ができて何ができないかを全てリストアップさせて準備し、結局、杉並区の教員になりました。3年間ですが、2年間は担任までやったんですよ。

その次、3歩目にどう出るかというところで、ご存知の通り、政治家を目指したわけですが、ちょっと残念なことになっちゃいましたね。

一方、マラソンの有森裕子さん（54歳）はどうか。有森はリクルートにいたので、自分は親しいんです。彼女にもいろんなことがありました。バルセロナで銀メダルをとってから、なぜかバッシングされて鬱状態になってしまった。女子の陸上でメダルというのが快挙だったので注目が集まり、逆に彼女の発言をめぐって責められちゃって、一時走るのもいやになってしまった。

でも、復帰するためにはアトランタ（オリンピック）に出て勝つしかない、と。

そこで見事銅メダルをとったので、軸がしっかりできた。でも彼女も「次」を模索したと思うんですよ。そんな時にカンボジアと縁があって、マラソン大会を主催して地雷で足を失った子供たちのために義足を寄付する活動を始める。そこから細川護熙さんの奥さんの佳代子さんと知り合って、今はスペシャルオリンピックス（知的発達障害のある人の参加を目指すスポーツ組織）日本の理事長をやってますよね。

こういう、若くして何かを成し遂げた人たちの試行錯誤の例もあるわけですが、為末さんも23歳である世界の頂点に立っちゃったから、そういう人が、40歳からあと50年間どうするかっていうことですよね。

為末　この本を読みながら、早く何かを達成した人のことも書いてほしいなと思ったんですよ（笑）。あんまりそういう読者は多くないかもしれないですが。

藤原　サラリーマンであっても、45歳前後の人が一番迷ってますよ。

子供がいたら育てるにあたって、経済的なことのほかに、自分の背中をどう見せるか、難しい局面に立ちますから。私が今年3月から始めた「朝礼だけの学校」の生徒（全生徒は同時に先生でもあるのですが）の平均年齢がちょうど45歳です。為末さんと同じように迷う世代であり、次の軸を探しています。

逆に言えば、為末さんほどの人が「今、迷っちゃってます」って言ってくれると、皆にとって救いになる。

為末　スポーツ選手で、引退したばかりの時は生き抜くのに必死です。僕が引退したのは2012年で、9年たってます。最初は食っていけるかどうか自分が社会に必要とされるかどうか不安だったのですが、2～3年で生活が安定してきて、結婚もして家族もいてとなってくると、急に「意義」とか「意味」を求め出しますね。最初は夢を追っかける。次は、食べていく。次は、意味を求め出して混乱してきて、という人が多いんですが、僕もまさにそうなんです。

なんとなくコメンテーターの作法もわかってきて、それを繰り返しているけど「このままでいいんだろうか」みたいなことを考えましたね。

今後5年の間に何が巡ってきて、何をつかむのか

藤原　Yahoo!アカデミアの学長をやっている伊藤羊一さんの話もしましょう。『1分で話せ』（SBクリエイティブ）という本が40万部売れました。彼は、興銀（日本興業銀行）を辞めて、プラスという会社に行くんです。東日本大震災の時、彼がある供給システムを作って、それが他のメーカーも使うようになって会社を立て直したんですよ。その業績で孫さんに頼まれたのか、Yahoo!アカデミアの学長になった。

グロービス（経営者・リーダーを育成する企業）の会議で会った時、「経済的にもいい感じだし、コメンテーターとしても、講演も引っ張りだこだし、居心地いいでしょ」と聞いたら、「本当に居心地がいいんです」と言う。それで「そのまま居心地いいところに居座ってたら衰えるよ。だってこれから50年あるんだからね。どうするの？」って聞いたら「それ、悩んでたんですよ」と。（為末さんと）同じですよね。

でも、その話を僕がした直後に、武蔵野大学でこの（２０２１年）４月からアントレプレナーシップ学部というのができて、その学部長にという話があって、「これだな！」ということになった。私もそこに教えにいくんですが、最初からアントレプレナーを育てるというコンセプトで、実際に在学中に起業させちゃうんですね。

ベストセラーの著書もあって、講演もできて、Yahoo! アカデミアで人材育成もしていて、さらに大学で直接学生を募集し育てる、と。これから人生を立体化、３Ｄ化していくプロセスにあると思うんです。こんなふうに、チャンスはいつ訪れるかわからないんですよ。彼は、私が校長を務める「朝礼だけの学校」の中では「人生の教室」の教室長で、自分の失敗談をどんどん発信してくれてますから参考になると思いますよ。

僕の場合は、第１歩がリクルートで営業とプレゼンをマスター。27歳でマネジメントに転じましたが、30歳でメニエール病になってしまって社長コースにはもういけないという挫折があった。リクルート事件やダイエーショックもありました。

37歳から「次、どうしよう」という試行錯誤の期間が10年間あって、47歳になってやっと東京都初の公立中学の民間校長というレアなチャンスが巡ってきた。東京都教育委員会は、はじめ義務教育学校に民間校長を入れる気はなかったんですよ。

当時の石原都知事が「高校なんて、民間から活きのいい校長を入れればいいじゃないか」と無茶ぶりをしたんで、当時の教育長がなんとか収めようと、ソニーとか日産とか東京商工会議所のメンバーから高校に民間人を出してお茶を濁すつもりだった。でも、杉並区からの申請で、たまたまチャンスが開けたので、パっとつかんだんです。「チャンスの神には後ろ髪がない」って言うからね。

だから、為末さんは今から5年くらいの間で何が巡ってくるか、スタンバイ状態にしてればいいんですよ。もちろん常に働きかけてなければいけないけど。

2　45歳は、どういう年齢なんだろうか

とにかく、思索でなく具体的に行動する

為末　この模索するところが、みんな悩むと思うんですよ。そこが一番つらいですよね。ある程度の方向性を持ちながら、いろいろ試行錯誤するっていうところでしょうか。

藤原　手数を出した方がいいですね。自分も37歳から10年かかってます。

その間に、ただ単に哲学的に思考を深めてるだけじゃだめ。僕はとにかく、このまま日本にいたらだめだと思った。リクルートにいたら、室長とか事業部長とか関連会社の社長とか、地位は保証されている。でも部下をかかえてしまったら、自分のテーマを見つけるなんて無理だと感じたんです。

だから、会社を辞める覚悟でヨーロッパに逃げたんですよ。

僕の40年来のメンターでもあるTMI総合法律事務所の田中克郎先生に「これから日本は成熟社会に入るから、何が社会システムとして大事になるか、じっくり考えていきたい」って言ったんです。たとえば、その頃アメリカに行っていたら、インター

ネットの一番すごい勃興期に立ち会えていたかもしれない。93年に海外に出たんですが、94年にアマゾンが創業していて、98年にGoogleだから、5年くらいいたら現在トップにいる企業全部の創業を目撃することができたかも。

でも、田中先生から「藤原君のやろうとしていることはビジネスというより哲学だから、それなら、やっぱりパリでしょ」と言われた。それで、パリとロンドンに合わせて2年半家族とともに暮らすことで、成熟社会で大切な3つの要素を見つけるんです。教育、介護を中心とした医療、住宅です。でも、その3つの社会システムの在り方について、考えているだけ、調査しているだけだったら、たぶん何も見つからなかったと思います。

教育については、松岡正剛さんや金子郁容さんと国の予算を5億円くらいもらって、大きなプロジェクトを起こしました。介護についてはリクルートの新規事業で情報誌を立ち上げようとしたんだけど、1年やってみてストップをかけた。住宅は、都市デザインシステムという会社に資本入れて非常勤役員で入った。でも、金融危機のあおりで黒字倒産しました。

そんな感じで、現実にプロジェクトを動かしながらチャンスを探っていたんです。

いっぽう、家の近くの長男が通う小学校では、情報教育の時間に「コンピュータルームには手を洗ってから入りましょう」とか、おかしなことがいっぱいあって。それでコンピュータに詳しいお父さん4、5人つかまえてサポートするところから、杉並区の教育委員会との縁ができるんです。そういうトライアンドエラーを繰り返していれば、きっと何か、次のミッションがくると思いますよ。

45歳は、いろんなものが集約される年齢

藤原 本当は最初に為末さんに聞きたかったのは「45歳って、どういう年齢だと思う?」ってこと。

為末 45歳は、いろんなものが一気に集約されるところですね。家族のことをこんなにいろいろ考えなきゃいけないんだって思いました。その気になったら、世界中どこでも引越しすればいいやと思ってましたが、子供が学校に入るとしばらく動けないんだとか。母親はまだ元気ですけど、もしかしたら、介護の問題も出てくるかもしれないし。いろんなイベントがこの時期に押し寄せてきてますね。慣れたことでなく、人生で初めてのことも来てしまいますね。

藤原 お子さんは、もう小学生?

為末 今6歳で、この(2021年の)4月に小学校に入りました。都心から離れた

ところに引越して公立校に入ったんですが、それもいろいろ考えました。うちの妻は幼少期はアメリカで過ごしているので、感覚的にはインターナショナルスクールがいいんじゃないかと思ったんですが。でも、成長してから一番得にくいのは文化的なことじゃないかというので、将来日本に住むオプションを残そうということになりました。日本にフィットする感覚が一番難易度が高くて、それをまず手に入れないと、何もできないんじゃないかと。これは「帰国子女あるある」なんですよ。最初に英語を覚えるより、最初に日本文化になじまなきゃと（笑）。

藤原　あー、帰国子女バリバリだと、いじめにあうとか。へたに英語ができるとハブられたりするかも、なんてね。

為末　理想はどうかという話は抜きにして、現実を考えてそうなりました。都市部にこれ以上住めない、つらいというのが夫婦2人ともあったので、人が少ないというか、自然が多いところに行こうと。それと同時に教育では、学力や英語力ではなく、野性の戦闘力を身につけさせて勝負だと考えました。教育ってのは本当に親の価値観が出ますよね。起業家でも子供には保守的な教育をさせたり、またはその反対もあったりと面白いです。僕は集団での振る舞いとどこでもしぶとく生きる力が大事だと思っているので、それを一番に考えました。

45歳くらいでメディアに出るような職業だと、とにかくいろんな人と情報交換しながら都心部に住んで、ひたすらに発信をするという人生のスタイルもありますよね。これまではそういうのに近いこともやってたんですけど、僕はそんなにたくさんの人と会い続けられないというのと情報を追いかけるよりは、こもってじっくり本を読んだりしている方がいいタイプのような気がして、それで引越しをしたという感じです。

今は引越して1年たって冷静になって「あれ、(自分は)何やるんだっけ?」と、何となくつきものが落ちたみたいなそういう感じですね。

藤原 リセットしたんですね!

為末 まさに!

藤原 いらない情報が入ってこなくなったから。

為末 時間ができて、子育てとかいろんなものが一気に始まったので。45歳で始まるクライシスが今来ている感じです。いろんなイベントが一気にやってきて、「このまいくと未来が見える、安心とあきらめ感の道」と、「チャレンジの道」が出てきた感じです。あまり人生のことを考えたことはなかったんですけど、子供ができてこれから10年間は安定していなきゃ、と思ったら急にその2つの道が見えてきた怖さを感じました。

藤原　為末さんの実績と頭の良さなら、講演やコメンテーターはある程度いけるでしょ。でも、あと10年やったらほぼ通用しなくなっちゃうかもしれない。時代は変わるからね。ある程度の収入が維持できれば、その間に子育ても一段落するし、そういう意味では数年間は無難にいけるかもしれないけど、問題は、そのあと30年くらいどうするのか、と。

為末　全くその通りです。この1年でちょっと感じました。明らかに何かの能力が落ちてきている感じがしています。

茶目っ気があるかどうかが大事

藤原　それに気づく人と、気づかないでそのまま行っちゃう人がいるんですよ。でも、やっぱり（為末さんは）勘がいいんですね。そもそも（短距離走から）ハードルに転向するというのは、希少性をとってるわけです、しかもすごく若い時にガッと自分のポジションを変えた。陸上の世界に何百万人と競技者がいるとして、もちろん100m走が花なわけですよね。だけど日本人の体格でどうなのよっていうのがあって、それを冷静に見てハードルの方によけるというか、希少性をつかみとってる。そうじゃなければ、たいへん失礼ながら、ただのランナーだったよね。

それともう一つ、これだけファンが多いのは、為末さんには茶目っ気があるからですよ。どこかでそれを演じている自覚があると思う。著書の中にも「演じる」という項目がありましたよね。大学時代に仮面をつけて歩き回ったエピソードが。「みんなぎょっとするんだけど、すごくおもしろかった」と。これは、どういうシチュエーションですか？

為末 体育会の罰ゲームに近いやつで、格好は普通の格好のまま馬の仮面をかぶって街中を歩かされたんですよ。先輩から「みんな見てるだろ。恥ずかしいか？」って聞かれて、「いや、あまり恥ずかしくないです」って言ったら「だろ？ 恥ずかしくないだろ。恥ずかしいのは顔を見られるからなんだよ」と。今でもよく覚えてますね。人間が恥ずかしいのって外に向けている顔があるからだと思うんです。でもその顔が隠れていたり、違うものだったりすると恥ずかしさをあまり感じない。よく、人前で喋るのが恥ずかしいという人がいますが、ある意味でとても正直というか自分そのままで人前に出ているからだと思うのですよね。競技時代に、試合前に仮面をつける感覚でレースに挑んでいましたが、繰り返していくと自分とフィットしてきて自然になるんですね。その役柄に自分自身が合っていく感じというんですかね。役者さんが役を演じている最中は、日常生活でも役っぽくなると言っているのに似ているかもしれません。

藤原 短距離走から撤退して、逃げて陣地を固めるのは大事ですよ。そこで背が低くても有利な方をとるという勘ね。それから、茶目っ気があるということも43歳から45歳の選択に有利にはたらいてくると思う。日本はやっぱり、年寄りが「かわいい奴っちゃ」って思わないと、引っ張り上げてくれないところがありますから。

為末 そうですね。

藤原 今成功している人のほとんどが、「かわいい気のある人」なんですよ。「仕事できます」だけではダメ。

為末 やっぱり、人生の終盤に向けてよりキャラクターが重視されるんでしょうか。

藤原 そういうところはあると思います。かわいいおじいちゃん、おばあちゃんにならないと。かわいい気がないと、うなるほど金があってそれで死んだとしても、あまり葬式に人は来ないかも。

「道」でなく、"fun"で行こう

藤原 確信犯で「演じて」いいと思う。（本の中で）その前後に、お母さんと一緒にいたときに高校の同窓生に会ってお母さんが「～子」ってあだなで呼ばれたとたんに、母親の表情がガラッと変わった、女子高生の顔になったという話も出てきますね。

要するに、人は常に演じてるんですよ。この話、僕、メモっちゃいました。「演じる」ことも「プレイ」だっていうこと。

テニスもベースボールも、「プレイ テニス」「プレイ ベースボール」、要するに「遊ぶんだ」と。これが日本人には足りない。日本の場合はすぐ「道」になってしまいます。テニスでもなんでも、柔道と同じ「道」になっちゃう。

為末 「野球道」とかですね（笑）。

藤原 ロンドンにいた時、テニスをやろうと思って地元のテニスクラブに行ったら、おじいちゃんおばあちゃんたちがやっていて、「入れてくれますか？」って聞いたら、80歳くらいの会長に「日本人だよね。私たち練習はしないから。"Just for fun"だよ」って念を押されたんです。

どうしてそんなことを言うのかなと不思議だった。

後から教えてくれたんですが、昔入ってきた日本人の夫婦が「なんで練習をやらないんですか？」ということを要望してきたそうなんです。要するに「（技術をもっと）高めたい」という人たちが間違って来てしまった。「みんなでお金を出して、コーチを雇わないのか？」とか、「球出しして」とか（笑）。

為末　反復練習！（笑）

藤原　そう！　反復練習しないと日本人はやった気にならない。でも、自分たちはそうじゃないということを最初に言っとかないと、と思ったみたい。日本人はそういうところありますよね。

3　小さくてもいいからピボットをやり続ける

「DA・DA・DA」のリズムで行こう

為末　トレーニングしてパフォーマンスするっていうか、プラクティスとゲームの関係が、本当はもっと重なった方がいいですよね。ゲーム即トレーニングになる方が望ましいんじゃないかと思います。

練習し準備し試合するという競技の時の癖が残ってると、今の時代には追いつかないですよね。練習しましょう、次の10年に準備したものを発揮しましょうっていうリズムでは間に合わない。思いついたらすぐやってみて、それ自体がトレーニングでもあり、振り返れば学びになるというような同時進行のサイクルにしないと追いつかないという印象があります。

藤原　よくPDCA「Plan Do Check Action」が大事と言いますが、僕は「DoとActionだけでいいんだ」と言ってます。PlanとCheckは、実行しながら頭の中ででできる。だから「PDCAでなくDA・DA・DAのリズム」なんだと。

1年毎に「PDCA」で4年間かけてやりましょうなんて、中学校だったら生徒が卒業しちゃうよーということ。

和田中では「教育目標を1つ変えるのに4年間かけました」って本気で言われましたから、前任の校長に。「そんなすぐに変えられるものじゃないんです。まず、変えるってことを初年度に言う。そうすると職員会議で反対されます。次の年にまた提案して、3年目にちゃんと揉んでもらって、4年目にやっと先生方に認めてもらうんだ」と。すごいでしょ。

今は、ここから10年なんて予測できる人いないんです。イーロン・マスクだってジェフ・ベゾスだって無理でしょう。だとしたら、やり続ける以外ない。やり続けて修正する。徹底した修正主義でいく。調査して分析して、正解の道はこうだなんてやっていたら間に合わない。

為末　その癖が一番(日本人には)大きい気がしてきました。まずは練習問題からみたいな。「まず、参考書は何読めばいいですか」という感じですよね。

藤原　そうなんですよ。だから型にはめる教育ではなく、いかに型を脱するかという教育でなければおかしい。でも、へたすると「型を脱する型を教えてください」と聞かれる（笑）。

為末　そういう型をまずインストールしましょうみたいな（笑）。

藤原　為末さんは海外のレースに行っていた時、1人で参戦してたじゃないですか。その時、けっこう本を読んでたんですよね。

為末　今から考えると、引退後の人生にはあれが一番大きかった気がしますね、異文化にいて、本を読んで、客観的に自分を見て、日本がどういう状況かを見る。ヨーロッパにはスポーツのコミュニティがたくさんあるんですけど、それとの比較もできました。

オランダのデン・ハーグという街ですが、陸上競技場が公園化していて、朝は子どもたちが遊んでて、昼くらいに（学校の）体育が行われて、おじいちゃんたちがペタンク（フランス発祥の金属製のボールを投げる遊び）しに来てて、カフェでお茶飲んでる人もいて、夕方にはお父さんたちがサッカーしにきて、という感じでした。陸上競技場で、カフェ機能とバー機能があって体育もやって、陸上の練習もやってるんですよ。

日本の施設は、ここは陸上やるところですとか決まってしまってます。僕は、スポーツをコミュニティという方向に持っていくことに興味を持っているんですが、そこでの原体験がけっこう大きいですね。

スポーツ界は古い社会の縮図

藤原 ヨーロッパでは、サッカークラブでもサッカーだけやるということをしない。アメリカでも、アメラグやってバスケやってる人っていますよね。運動能力は一緒だから、どちらもやって当たり前でしょみたいな。

文科省が海外のクラブを見てきて、多様な地域スポーツ振興のモデルに予算をつけています。私の地元(杉並区)の向陽中学校というところもモデル校になってるんですが、やっぱりそこでもサッカークラブはサッカーだけになっちゃう。野球からサッカーに転じるとか、シーズンごとに両方やるとかはなかなかできない。(野球やサッカーに)熱狂的なお父さんがいっぱいいて、保護者も縦割りだからね(笑)。

為末 おまえは、あっちに行くのか(笑)と言われてしまう。

藤原 学校のグラウンドを曜日ごとに使うから、取り合いになって敵対してしまう。本当は、もっとゆるく運営した方がいいんですけどね。

為末 そうですね。スポーツは、社会の縮図ですね。突然ですが、小野田（寛郎・太平洋戦争後29年たった1974年、フィリピンから帰国した元陸軍軍人）さんを覚えていますか？ あの人が日本に帰ってこられた時の新聞記事に僕は感銘を受けたんですが、日本人がみんな戦後の繁栄を謳歌してなじんでいる中で、戦前の世界からやってきた人を見てしまった居心地の悪さがあったと思うんです。

今のスポーツ界は、社会から見ると昭和の時に自分たちも過去にやってたことを、見せられているような居心地の悪さがあるんじゃないでしょうか。体罰とか、家父長制が強い感じとか、長時間のトレーニングとか、昔の日本の組織はどこかしらそういう文化があったんだと思います。スポーツは昭和の時代に自分たちが通ってきた道が残っている。一方でスポーツにはダイバーシティがあるので、とても先鋭的な（テニスの）錦織圭選手みたいな人もいるし、幅があります。でも、国内においては何となく昭和の空気が漂っている。社会の側がそれを見たこの数年間だったんじゃないかなという気がします。

オリンピック・パラリンピックを招致したときに、みんなが興味を持ってスポーツ界をのぞいてみると、昭和の時代の牧歌的ないい空気もあったんだけど、そういう古いところを見てしまったという気もしてしまいます。

藤原　Jリーグのチェアマンの村井満さんはリクルート出身で、「フェロー」という制度は彼が人事部時代に僕のために作ってくれたんです。それから、リクルートで4代目の社長をやった柏木斉さんがバレーボール協会に行き、バスケット協会の方には同じリクルートの社長室出身で一時株式会社ポケモンの社長をやっていた鶴宏明さんが行きました。元リクルートで非常に仕事のできる人が、スポーツ界の刷新をやろうとしてるんですよ。

為末　それは希望ですね。僕はJリーグの理事なんですけど、Jリーグ内で問題はもちろんあるし不満もありますが、他のスポーツから見ると先鋭的で、ガバナンスもしっかりしている。アマチュアの協会になるとだいたい理事は無報酬で、フルタイムで働くことが難しい。しかも財源は補助金に依存している。自分たちで稼いで、役職にはきちんと報酬を払う。そのために民間から優秀な人をリクルートしてくる。どこから始めるかが難しいですが、このようなサイクルが回るべきだと思います。

パターンにはまらず、小さなピボットを出していけ

藤原　会社はどうなってますか？

為末　この2、3年で大きく変えてました。それよりも前はすごくパターン化されていたんですね。講演の仕事はなぜか秋が多いのですが、10、11、12月と忙しいのが毎年続いていたら、そのうちに社員が慣れてきて「9～12月は空けときますね」みたいなパターンができてきました。

でも、やりながら「これ同じこと、去年もやってなかったっけ?」という気分になってきて、これはまずいと直感的に思いました。それで2、3年前くらいから、会社で新たな事業をやろうと模索していたのですが、ちょうど息子がマインクラフトをやっているのを横で見ていたら、音声で「マインクラフト、TNT爆弾作り方」って検索して、YouTubeをテレビに映して、そのやり方をみながら手元のタブレットでTNT爆弾ってやつを作り始めたんですね。これはいつか将来はスマホひとつで、アジアの片田舎からオリンピックまで行く奴が出てくると思いました。それで今はYouTubeでランニングやコーチングに関する情報を発信していて、これをもう少し整理して誰でも足が速くなれる世界が作れないかなと思っています。

藤原さんみたいな大きな1歩じゃないにしても、会社にいながらでも小さなピボットはできるんじゃないでしょうか。そういう感覚であがくというか、前向きに実験してみるのはすごく重要ですね。

(『45歳の教科書』の中で)三角形を描く6段階というのがあるんですけど、実際にはその間にいろんな試行錯誤があるので、それをあまりきれいに描きすぎないことが大事だなと思いました。本にも書かれていますが、プロセスの中には無駄な回り道をしているように見えることがあるけどそれでいい。逆にきれいに収めていこうとすると、同じサイクルにはまりそうです。まずこれをやり、次にこれをやってと計画を立ててしまうのはある種の思い込みで、そこからどう解き放たれるか、それが大事かなという気がします。

4 読書の積み重ねが、今後の人生を決める

本をどれだけ読んでいるかが勝負

藤原 実は、僕自身は読書の足りない人でした。

いつも、課題図書で出されたヘルマン・ヘッセ『車輪の下』とジュール・ルナール『にんじん』という名作のせいにしてるんですが、「なんで、こんな暗いの読まなきゃいけないの？」って思った。中学高校で読書する習慣がつかなかったから、大学受験の時は現代国語ですごく苦労しました。大学の経営学科でビジネス書に出会ったけれど、結局20代まではビジネス書しか読んでなかった。

　20代後半の時、ある社長から「文学読んでるか？　読まないと人の心がわからないぞ」と言われたんです。「今でいうと誰がいいですか？」と聞いたら「宮本輝と連城三紀彦」と言われて、翌日銀座の旭屋書店で買ってきて読んでみたら、あまりにもおもしろくて。「ああ、こういう現代的な小説があるんだなあ」と、そこから少しずつ読むようになりました。

　33歳でメディアファクトリーを創業したとき、編集者や作家と話すようになったけど本を読んでないと会話にならない。「この間の芥川賞とった人が……」って言われてもわからない。そこから年間100冊読むようにしました。酔っぱらって帰るときにも電車で座ると寝てしまうんで、とにかく吊革につかまって本を開いた。

　そうやって、ようやく乱読のくせがついて33歳から30年以上続いてるので、たぶん累計で4000冊くらいはいってますね。最近はスピードが上がって年に150～160冊読んでます。ただし30ページ読んでつまらなかったら捨てるので、全部読むのは50～60冊くらいかな。

　47歳で、（民間初の公立中学校長という）チャンスをズバッとつかみとったように見えるかもしれないけど、いろんな無駄をやってるんです。失敗してるし、はずしてるし、会社作ってつぶしてる。でもその中でベースとして、「本を読んでる」というのは基盤になってますね。

為末　思いますね。全然世の中の見え方が違う気がします。僕は小学生くらいまで読書が好きで、その後陸上モードに入ってからは、競技に関する本だけは読んでるという感じでした。大学に入ってもそれだけで、20代に入って海外に転戦するときに成田空港で買った本からスタートしました。

最初に読んだのは、『20世紀かく語りき』（産経新聞ニュースサービス）という『ツァラトゥストラかく語りき』をもじった、20世紀を名言と共に振り返るという本なんですよ。僕は昔から、事件の背景にあるものをスパッと象徴するようなワンワードが好きなんです。三島由紀夫の檄文で「われわれは四年待った。最後の一年は熱烈に待つた」とか、ルーズベルトの「こん棒をもって穏やかに」とか。

読書していないと、ある所から先の会話がわからなくなってしまう感じがしましたね。メダルをとったのは23歳なんですけど、その時に初めて競技以外のちょっと大人の世界に触れたときに、日本語はわかるけど話していることがわからないっていう感じがしました。だから23歳で会った人たちはそこで終わったんです。日本語はわかるのだけれど、話がわからないから。30歳くらいの時に誘われて「G1サミット」（グロービスが主催する各界のリーダーたちが集う団体）に入るんですが、その時には本を読んでいたから、少し話がわかるようになったという気がしましたね。

たとえば、ハンナ・アレントがホロコーストに関与したアイヒマンの裁判を見て、ひたすらに命令に従っただけだと繰り返す様子を描写して「凡庸の悪」と名づけます。大人の会話の中でアイヒマンが隠喩として出てくる場面があって、そのアイヒマンが何を意味しているかがわからないと、話題そのものについていけなくなりますよね。日本語がわかるということと、話されている内容がわかるということはずいぶん大きな差があると思ったんです。

もちろん、それでも全部の会話にはついていけないんですが本を読んで知識を入れてからだと少しは会話がわかる。先程の例で言うと、アイヒマンって一言言えば背景にある情報を一気に詰め込んで相手に伝えられますよね。そうするといろんな意味を少ない文章に入れ込むことができるので、1時間会話しただけでも交わされる情報量がすごく多い印象があります。

昔は一つの概念を説明するのに、かなり時間をかけていた気がします。わかっていればアイヒマンに象徴される輻輳的なものを一気に伝えられますよね。ぎゅっとまとめた話のキャッチボールは、後で展開すると情報が多くて、会話のおもしろさをそこで初めて知ったような気がします。

藤原　そうですね。たとえば「三島由紀夫っぽいよね」と言われたときに伝わるかどうか。

為末　そうなんです。昔は「為末君は選手だから」ということで、かなり丁寧に説明してもらっていたので、話している内容が少なかった。それは相手の問題ではなくこちらの読書量の問題なんですね。しかもまた、（情報は）アップデートされていくじゃないですか。ピケティと言われた瞬間にわからないと。

藤原　そうですね。「r>g」で相手に伝わるかどうか。伝わればもっと深くいけますよね。わからないと、説明するのにたぶん30分かかってしまう。

45歳から先は、積み重ねの差が出る

為末　競技の世界では、共通言語を持つということの大切さは知ってたんですよ。この単語はチームの中ではこういう意味だとコーチと作っていきますが、それはせいぜい数個です。社会においてしかも初対面の人と会話する時には、共通言語の解説書みたいなものが本になっているわけで、それを読んでいるかいないかはすごく大きいと思います。45歳前後は、そういう積み重ねの差がすごく出る年齢でもありますよね。ある年齢からは話が合う合わないが出てきてしまうのは、そういう積み重ねの差も大

きいのかなと思います。

藤原　言ってしまってもいいのかな？……読書してるかどうかで、45歳から先が決まるって。

為末　ほんと、そうですね。

藤原　残念ながら、格差は広がるでしょう……教養の格差が。

為末　呼ばれる場所が変わる、みたいなことありますよね。

藤原　わかりやすい例ですね。

為末　もちろん、45歳から読みだしても年齢はいくつからでもかまわない。藤原さんがおっしゃったように、100冊から変わるというのはわかりやすいですね。とにかくまず100冊読む、と。読まない人は、年間1、2冊ですよね。

藤原　『必ず食える1％の人になる方法』（ちくま文庫「人生の教科書」コレクション）で、最初に「本を読めば10人に1人になれる」と書いた。まずは「パチンコ屋で並ぶか並ばないか」で2人に1人、「電車に乗ってすぐスマホ出してゲームやらない」で4分の1、さらに、ではその時間を「自分は読書するほうだ」と答えられれば、もう8分の1です。まずはハードルを低くして、月に1冊でいいんじゃないでしょうか。それで年間10冊ですよ。それを年間50冊までもっていけるかどうかは、週に1冊読めるかどうかってこと。10冊読める人は、50冊いけると思う。

そこから（年間）100冊はハードルが高いように思うけど、そうなったら30ページ読んでおもしろくなかったら捨てるメソッドでいいと思うんですよ。半分捨ててもいい。最初の30ページ読んでおもしろくなければ、絶対おもしろくないからね。

現代の優秀な編集者は、おもしろい部分を最初に持ってきますから。ピケティも、冒頭の「はじめに」で全部わかる。そのあとの事例はぜんぶヨーロッパだから、『21世紀の資本』は「はじめに」と「おわりに」だけ読めばいいんです。文章もやさしいし、ウイットがきいてる。

為末　あの概念も大事ですね。信用を蓄積する。藤原さんの表現だと「複利がきいてくる」。

藤原　そう、複利は人類が発明した最大の発明だという。読んだからこそ、こういう話ができるんですよ。隅から隅までは読んでないけど、読書を蓄積するとそういう読み方もできてきて、理解スピードが上がってきますよね。

為末　そうですよね。だいたい、1冊読んでも1行くらいの印象しか残らないですよね。とにかく、富が膨らむスピードが労働で得るより速いんだ、っていうその概念だと。

藤原 それしか言ってないんですよ、「r>g」。それも帯に書いてある。それ以上は言ってない。真ん中は膨大な歴史的証明だから。あの本を読むのに2年かけるというのはおかしい。

為末 読み方にも絶対コツがありますよね。だから、時々「何を読んだらいいかわからない」という質問があるんですけど、まず1冊読めばその中に引用されている本があるはずだから、それを何冊か読まざるを得なくなって止まらないと思うんですよ。引用されているけどわからない概念というのが必ず出てくる。累計100冊行った時くらいになんとなく自分の中で読み方がわかったなっていう気がして、そういう蓄積をすると言葉と一緒で慣れてくる。そんな感じがしますね。

藤原 300～500冊くらい読むと、今度は自分の内から言葉があふれてくる。つまり自分で書きたくなってきます。300冊くらいのシャワーを浴びて初めて、つまり、1冊10万字くらいとして、かける300で3000万字、文字のシャワーを浴びるのが大事。

メディアファクトリーを創業して3～5年くらいで、誰に頼まれたわけでもなく1000字くらいのエッセイを書き始めました。今だったらブログだと思うんですが、それがたまってきて、ロンドンでもパリでも気づいたことを書き足していった。それが僕のデビュー作『処生術』（ちくま文庫「人生の教科書」コレクション）に結晶するんです。文字のシャワーを浴びていくと、コップから水があふれるみたいに言葉があふれてきます。今の時代で45歳なら、自分から発信しないといけない。ブログやツイッターなのかな。

為末　そこでのとまどいは大きいかもしれないですね。受け身や作業的なものから、自分なりの考え方の発信のように、自分から先取りしなきゃいけないというのはとまどいます。そういう意味でも、読書は大事ですね。

言語能力の大切さ

藤原　ＡＩの時代とかロボットの時代とかと言われてますが、ますます文章力が大事になってきていることは確かなんです。ブログの文章を読めばしっかりした人かどうかわかるし、メールの5行くらいの文章で会うかどうかを決めるでしょ。

為末　経験的には当たりますよね、短いメール見ただけでなんとなくわかります。文章は大事です。自分の人生でも、それを武器にしていかなければと思います。

藤原　言語能力ですね。結局、面接も言語能力を見ていると思うんですよ。何か聞かれたときに言葉で言うしかない。比喩の表現ができるかどうかというセンスを見ているわけです。超のつくネットワーク時代なのに、言語能力を磨かないといけない。なぜか、ますますそうなっている。

為末 たとえば人工知能のロボットの話をしている時に、「チャンク化」という概念が出てきたんですね。指令が出たときに連動して動くということで、「コップをとる」時に、まずアームを動かしてつかんで、つぶさない範囲の力でつかんで、という一連の流れになりますが、「チャンク化」というのは、それが一つの動作になるということらしいんです。それは、競技の際に何度も反復練習を繰り返すことで、まるでボタンを押しただけで体が勝手に反応するような「無意識の自動化」が出てくるんですね。それと同じことかと。相手に聞いてみたら、「細かく言えば違う部分もあるけれど、おおむね間違えてない」と言われて、対応させることができたということがありました。

それは突き詰めると言語能力のような気がします。

5 これからは、自分の美意識、哲学に合う方へ進む

3歩目は、「自分を安く売れ」

藤原 キャリアの大三角形で、1歩目と2歩目が経理と財務だったり、営業と営業企画だったり、広報と宣伝だったり、会社に勤めている人は近いところで異動して技術をゲットすることが多い。試行錯誤していいんですが、次に3歩目を楽なところに出すとどうなるか。たとえば経理と財務のスキルを磨いた人が、今度は関連会社で経理部というのは、近いからできるだろうし、たしかに自分の力は生きる。

でもそれだと、三角形の面積は大きくならないですよね。三角形の面積が希少性の大きさなので、のちの自分の付加価値を決めるから大事なんです。三角形の面積を大きくするためには高さもなければダメなので、ジャンプしなければいけないんですが、40代になってジャンプするのは正直言って怖い。

自分も(義務教育の現場に飛び込むのは)怖かったです。自分の営業とプレゼンとマネジメントはリクルート流だから、公教育の場で通用するとは限らない。

10人相談したら9人はやめろと言ってました。「風土は違うし、たぶん足引っ張ら

れるし無理じゃないの。なんで公立の学校に？」と。

ここで強調したいのは、何かを取りに行くときは「自分を安く売れ」ということ。自分の身に付けた2つの技術を高く売ろうとすると、絶対その関連部署や関連のある会社になってしまう。そうすると新しいスキルが手に入らない。新しいスキルを身に付けるために研修を受けに行くのと一緒なので、こちらがお金を払わなきゃいけないんです。僕は（年収が）3分の1くらいになった。自分を安売りしないと三角形の面積は広がりません。

為末さんが、これから3歩目を出すときに安売りできるかということなんですが……。

為末　僕らの世界の共通点でお話しすると、マネジメント会社についてもらうといいことと悪いことがあります。ブランドビジネスですから、チャレンジはブランド毀損のリスクが高いので、しない方が短期的にはかせげる。俳優なら俳優として稼いでいる間は予想がつくけれども、変に違う世界にチャレンジしてガッカリされると本業の評価まで下がってしまうと考える。特に引退した選手は、最初はイメージぐらいしか売り物がないですから、新しく失敗する可能性があることを始めるのにどうしても躊躇してしまう。それで飛躍できない問題が一番の弊害としてあります。

僕も自分で会社をやってみたくて、マネジメント会社を辞めました。人を雇って経営をやってみたかった。

どうやって自分の資産を活かすかという話と、どうやって活かさないで打って出るかという話ですから、思考のパターンがまるで違いますよね。活用するのか、むしろ全く活用できないところの方がいいのか。たぶん僕の得意技は「スポーツと言葉」だと思うんですが、そうじゃない1歩を出せるかどうかというところで、まさに今もんもんと悩んでますね。

大事な決断は人に相談してはダメ

藤原　今までのキャリアが活きるかどうか分からない新機軸の1歩を踏み出す時、あとになって振り返れば、その一見回り道に思えることが自分に圧倒的な付加価値をつけてくれるんだけれども、その時はそうは思えない。

45歳にもなってそんな危ないことやれるか、しかも子供もいてね。当然怖いし、多くの場合、そのチャレンジをパートナーが引きとめますよね。だから自分は、リクルートを辞めるときも、47歳で校長に転じるときも、一切相談してない。自分にとって大事な決断は人に相談してはダメ。パートナーにもダメ。相談すればするだけ、「やらなくていいよね」という理由をつくってしまうことになるから。

為末　競技者が引退した瞬間の価値はすごく高いんです。だから「あなたなら大丈夫」ってみんな言うんですが、だいたい5年後には大丈夫じゃない（笑）。これは本当に信じてはダメで、周りを適度に裏切る練習をしておかないと絡めとられる。基本的にファンの方も、応援してくれている方も悪気なく、過去を見ている。でも、選手は過去じゃなくてこれから価値を生み出せるものを見つけていかなければならない。選手の過去はあまりにも輝きすぎているんですね。僕は、これは引退する選手に必ず言います。

僕はピークが落ちたときに引退したのではまらなかったんですけど、一番いい時に引退したら絶対はまっていたと思いますね。「せっかく築いた実績がもったいないし、大丈夫だし、この実績は不変、後から書き換えられないから」とかいろいろな説明があるんですけど、実際にはあとからもっとすごい人が出てきて、みんな忘れていく。でも、その魔力は強いですよね。

選手に「リオのメダリストとか、ロンドンのメダリストの名前、言ってみて」という質問をすると、選手でもほとんど出てこないですよ。まだ4年しかたってないのに。みんなはっとします。言われれば「ああ、そう言えば」と思いだしますけど。人々の忘れるペースは速いです。

藤原 自分もリクルートを辞めたときは、商品価値がそこそこ高かったと思います。結局6年フェローをやりましたが、リクルート流のマネジメントとプレゼンを身に付けた若手は続々と輩出される。帰国子女で英語どころか中国語もペラペラ、プログラミングもできますというように、最初から3つの矢を持った人材も出てくると、自分の商品価値はどんどん下がるわけです。それを意識していて、ある種の恐怖感もあったから、公教育分野でのチャレンジのチャンスに飛びついた。逃げたと言ってもいいかもしれませんね、取りに行ったと言うよりは。

歌手の話を聞いたことがあるんですが、ヒットが出ている時はそれほどお金はもうからないらしいですね。で、人気に陰りが出てから地方を回っている間に収入がグワッと入ってくる。要するに、1曲でもいいからヒット曲が出て紅白に出たって言えば、一通り北海道から沖縄まで地方を回れるからね。その人も財産を作れることになる。そういう誘惑はありますね。

為末 僕らも似ています。一周目は引退の話をすればいいんです。次に「あなたの人生の話を」となると、積み重ねてないと次の一周はない。「あの感動の瞬間」と言って20年前のオリンピックのことを話しても、もうみんな忘れちゃったなあということになってしまう。
実はチャレンジした方が安全なんですが、勇気がいる話ですよね。

不利な勝負に出るほど助けが来る

藤原　どちらのリスクもすべて計算して、その中でこっちを選び取りましたという話ではないんですよ。面白いか面白くないか、次にどのポジションをとると友だちが驚くか。「え、こいつが校長やるの?」みたいな、そういう反応が楽しい。しょうもないけど、逆張りの演出ですね（笑）。

為末　ほんとそうですね。いたずら心みたいな。

藤原　為末さんもそうなると思いますよ。

為末　コーチにならなかったのは、それが大きいと思いますね。

藤原　45歳になって次に選び取る時は、社会性について考えざるを得ないでしょ。でも、社会性の高いプロジェクトでは、不利な勝負に出れば出るほど助けが来るという構造があります。公教育がどんどん地盤沈下して学力問題が起きて、いじめ自殺みたいなものもあって「公立の学校に行かせると学力が下がる」というキャンペーンをマスコミがやっていた。誰も公立の学校を助けに行かなかった状況で、自分が「虎穴に入らずんば虎子を得ず」みたいに1人で参戦したから、谷川俊太郎さんも来てくれた。ノーベル賞をとった直後の小柴昌俊さんまで応援に来てくれた。

不利な勝負をやったから、味方がついた。心ある人たちがコントローラーをもって、私というアバターを動かせるとうれしいというゲームのような世界だったと思います。

自分では直接参戦できないから、僕に戦ってもらいたかった人々の意思まで味方につけた代理戦争です。そうすると皆のエネルギーが集まってくるので、非常に有利な勝負になる。本来絶対勝ち目がないのに、何万という人々のエネルギーが入ってくるんです。

逆に、僕が「自分は47歳で、リクルート流のプレゼンとマネジメントを身に付けた結果、アメリカのファンドのGMになります。六本木ヒルズの部屋とベンツと秘書を与えられて年収1億5000万です」って言ったら、誰も助けてくれないんじゃないかな。最初は持ち上げられても、やがて金と女のスキャンダルをでっち上げられて引きずりおろされる。権力を手にしようとしてしまうと、そうなる可能性が高いですね。

為末さんには、政治の誘いもあると思うけど……うーん、どうかな。

権力と影響力、どちらを取るのか

為末　権力と影響力でどちらが好きかによりますよね。僕も影響力の方が好きです。権力は、相手にそうさせることができる。影響力は、相手が自分がそうしたくなるようにさせることができる力ですよね。

藤原　ピラミッドの上で人事権、予算権を握るのが権力。首相は100兆円動かすことができる。あとは人事を握れば強いですね。

影響力っていうのは「女将さん」みたいに旅館の中心にいて、みんなを引き寄せる感じ。上にいて権力で動かすのではなく、真ん中にいて人を引き寄せて影響力を行使する。やっぱり人間的な魅力がベースですね。

為末　たぶん、生き様ですよね。影響力を行使するときにどういう風に生きてきたかが一番重要で、そこに躊躇があると手に入らない。

僕が仮にスポーツで権力に行くとしたら、陸上界でちゃんとしたルートを通らなくてはいけないけど、たぶんできないだろうと思いました。（『45歳の教科書』P64［図2］あなたはどのタイプ？——「価値×志向」マトリックス）4象限ありましたけど、自分が何を好ましいと思うか、成功の条件とするか、45歳くらいになるとそれくらいは決めておかないとだめですよね。

藤原　組織的なパワーと個人的なパワー、それから、経済的な価値と経済的でない価値のどちらを選び取るかという2 by 2マトリックスの4象限ですね。

為末 それでいくと、僕は経済的じゃない価値と個人的なパワーです、明確に。

藤原 そういう人は政治に行ってはだめですね。

為末 そうですね。何かを失いますよね。うまく表現できないけど。

藤原 圧倒的に自由な時間を失うだろうし。

為末 でも権力が好きな人もいるんですよね。責任感もあるかもしれないけど。

藤原 その2つは、周囲にいる人のリスペクトの在り方も違うと思います。影響力のある人をリスペクトしている場合は、無償のボランティアでもやろうとなる。権力のある人だと、その分け前をもらいたいとか、おこぼれをいただくことを前提としての付き合いになる。

また「勝負顔」になりたい

為末 メディアで自分の映像を見たときに、今はのんびりしてる感が出ますね。自分は元々切れよくしゃべるタイプではないですが、緊張感を持ってるかどうかは出ますね。リラックスしすぎてはいかんなと思いました。

藤原 「勝負顔」を作るってことですね。競技をやっていた時は、競技場で人に話しかけられないようにしていたんですよね。

為末　そういう顔が最近なかったなと思いました。よくないと思いました。

藤原　それは幸せなことなんですよ。柔和になったということ。

為末　でもそれは表裏ですよね。

藤原　３年はいいけど、柔和で５年いると柔和な人生になっちゃうからね。ある時期はそれでいいんじゃないでしょうか。

為末　でも、そうやって心地よいままでい続けると、生きていけるスペースがどんどん小さくなっていきますよね。ここから50年の間、スペースが小さくなるスピードに自分の人生は合わないと思うし、美意識と合うかどうかもありますよね。

藤原　ここから美意識ですね。哲学というか。

為末　どう生きたいか。

藤原　人生の３Ｄ化です。クレジット、つまり他者から与えられる信任の総量が大きければ大きいほどいいんです。自分も「朝礼だけの学校」は65歳からの新規事業です。３月からサブスクになって大人は１０００円、中高生までは５００円。もし失敗したとしても、その失敗談を本に書けばいいかな、と（笑）。

為末　要するになんでもいいからやっていけってことですね。Just do it!

藤原　そうです！　でも楽しくね。Play for fun!

（2021年2月22日）

編集協力――甲斐ゆかり（サード・アイ）
図版作成――桜井勝志

※本書の「第1章」と「第2章」は、『THE21』２０１８年1月号〜3月号に連載された「45歳からのキャリアの教科書」の内容に、大幅に加筆・修正したものです。
「第3章」の一部は、『「毎日の悩みが消える」働き方の教科書』（２０１５年9月、電波社刊）の内容をもとに、大幅に加筆・修正、再編集をしたものです。

「第4章」はＷＥＢサイト『ノムコム60↓』（野村不動産アーバンネット）の連載「60歳からの教科書『豊かな住まい方』」（２０１７年3月1日、4月28日、6月5日、7月20日、9月1日、11月2日）の内容を再編集したものです。

上記以外はすべて書き下ろしです。

本書は、二〇一八年、PHP研究所より刊行された『45歳の教科書
――戦略的「モードチェンジ」のすすめ』を再編集しました。

味方をふやす技術　藤原和博
他人とのつながりがなければ、生きてゆけない。でも味方をふやすためには、嫌われる覚悟も必要だ。ほんとうに豊かな人間関係を築くために！

人生の教科書
［おかねとしあわせ］　藤原和博
「人との絆を深める使い方だけが、幸せを導く」――こう断言する著者が実践してきた幸せになるお金の使い方、18の法則とは？　（木暮太一）

必ず食える1％の人になる方法　藤原和博
「100人に1人」なら、無理しなくても誰でもなれる！クリアすべき、たった7つの条件とは何か。文庫版特典は、キングコング西野亮廣氏との対談。

10年後、君に仕事はあるのか？　藤原和博
AIの登場、コロナの出現で仕事も生き方も激変する。小さなクレジット（信任）を積み重ねて、生き残る方法とは？　文庫版特典は、橘玲の書き下ろし。

処生術　藤原和博
著者のデビュー作品であり活動の原点となった『処生術』を大幅にリニューアル。自分の人生の主人公になるには？　文庫版特典は、勝間和代の書き下ろし。

35歳の教科書　藤原和博
「みんな一緒」から「それぞれ一人一人」になったこの時代、新しい大人になるため、生きるための自分だけの戦略をどうたてるのか？　（古市憲寿）

質問力　齋藤孝
コミュニケーション上達の秘訣は質問力にあり！これさえ磨けば、初対面の人からも深い話が引き出せる。話題の本の、待望の文庫化。　（斎藤兆史）

段取り力　齋藤孝
仕事でも勉強でも、うまくいかない時は「段取りが悪かったのではないか」と思えば道が開かれる。段取り名人となるコツを伝授する！　（池上彰）

コメント力　齋藤孝
オリジナリティのあるコメントを言えるかどうかで「おもしろい人」、「できる人」という評価が決まる。優れたコメントに学べ！

齋藤孝の速読塾　齋藤孝
二割読書法、キーワード探し、呼吸法から本の選び方まで著者が実践する「脳が活性化し理解力が高まる」夢の読書法を大公開！　（水道橋博士）

仕事力　齋藤孝

「仕事力」をつけて自由になろう！ 課題を小さく明確なことに落とし込み、2週間で集中して取り組めば、必ずできる人になる。（海老原嗣生）

前向き力　齋藤孝

「がんばっているのに、うまくいかない」あなた。ちょっと力を抜いて、くよくよ、ごちゃごちゃから抜け出すとすっきりうまくいきます。（名越康文）

かかわり方のまなび方　西村佳哲

「仕事」の先には必ず人が居る。自分を人を十全に活かすこと。それが「いい仕事」につながる。その方策を探った働き方研究第三弾。（向谷地生良）

戦略読書日記　楠木建

『一勝九敗』から『日本永代蔵』まで。競争戦略の第一人者が自著を含む22冊の本との対話を通じて考えた戦略と経営の本質。（出口治明）

仕事に生かす地頭力　細谷功

仕事とは何なのか？ 本当に考えるとはどういうことか？ ストーリー仕立てで地頭力の本質を学び、問題解決能力が自然に育つ本。（海老原嗣生）

あなたの話はなぜ「通じない」のか　山田ズーニー

進研ゼミの小論文メソッドを開発し、考える力、書く力の育成に尽力してきた著者が「話が通じるための技術」を基礎のキソから懇切丁寧に伝授！

半年で職場の星になる！
働くためのコミュニケーション力　山田ズーニー

職場での人付合いや効果的な「自己紹介」の仕方など最初の一歩から、企画書、メールの書き方など実践的技術まで。会社で役立つチカラが身につく本。

スタバではグランデを買え！　吉本佳生

身近な生活で接するものやサービスの価格を、やさしい経済学で読み解く。「取引コスト」という概念で学ぶ、消費者のための経済学入門。（西村喜良）

クルマは家電量販店で買え！　吉本佳生

『スタバではグランデを買え！』続編。やさしい経済学で、価格のカラクリがわかる。ゲーム理論や政治・社会面の要因も踏まえた応用編。（土井英司）

ハーメルンの笛吹き男　阿部謹也

「笛吹き男」伝説の裏に隠された謎はなにか？ 十三世紀ヨーロッパの小さな村で起きた事件を手がかりに中世における「差別」を解明。（石牟礼道子）

自分のなかに歴史をよむ　阿部謹也

キリスト教に彩られたヨーロッパ中世社会の研究で知られる著者が、その学問的来歴をたどり直すことを通して描く〈歴史学入門〉。（山内進）

逃走論　浅田彰

パラノ人間からスキゾ人間へ、住む文明から逃げる文明への大転換の中で、軽やかに〈知〉と戯れるためのマニュアル。

ナショナリズム　浅羽通明

新近代国家日本は、いつ何のために、創られたのか。日本ナショナリズムの起源と諸相を十冊のテキストを手がかりとして網羅する。（斎藤哲也）

幕末単身赴任
下級武士の食日記　増補版　青木直己

きな臭い世情なんてなんのその、単身赴任でやってきた勤番侍が幕末江戸の〈食〉を大満喫！　残された日記から当時の江戸のグルメと観光を紙上再現。

新版　ダメな議論　飯田泰之

単純なスローガン、偉そうな引用……そんな「厚化粧」した議論の怪しさを見抜く方法を豊富な実例とチェックポイントを駆使してわかりやすく伝授。

辺界の輝き　五木寛之　沖浦和光

サンカ、家船、遊芸民、香具師など、差別されながら漂泊に生きた人々が残したものとは？　白熱する対論の中から、日本文化の深層が見えてくる。

仏教のこころ　五木寛之

人々が仏教に求めているものとは何か、仏教はそれにどう答えてくれるのか。著者の考えをまとめた文章に、河合隼雄、玄侑宗久との対談を加えた一冊。

自力と他力　五木寛之

俗にいう「他力本願」とは正反対の思想が、真の「他力」である。真の絶望を自覚した時に、人はこの感覚に出会うのだ。

サンカの民と
被差別の世界　五木寛之

歴史の基層に埋もれた、忘れられた日本を掘り起こす。漂泊に生きた海の民・山の民。身分制で賤民とされた人々。彼らが現在に問いかけるものとは。

隠れ念仏と隠し念仏　五木寛之

九州には、弾圧に耐えて守り抜かれた「隠れ念仏」があり、東北には、秘密結社のような信仰「隠し念仏」がある。知られざる日本人の信仰を探る。

宗教都市と前衛都市　五木寛之

商都大阪の底に潜む強い信仰心。国際色豊かなエネルギーが流れ込み続ける京都。現代にも息づく西の都の歴史。「隠された日本」シリーズ第三弾。

わが引揚港からニライカナイへ　五木寛之

玄洋社、そして引揚者の悲惨な歴史とは？　アジアとの往還の地・博多と、日本の原郷・沖縄。二つの土地を訪ね、作家自身の戦争体験を歴史に刻み込む。

日本幻論　漂泊者のこころ　五木寛之

幻の隠岐共和国、柳田國男と南方熊楠、人間としての蓮如像等々、非・常民文化の水脈を探り、五木文学の原点を語った衝撃の幻論集。（中沢新一）

建築の大転換　増補版　伊東豊雄／中沢新一

いま建築に何ができるか。震災復興、地方再生、エネルギー改革などの大問題を、第一人者たちが説き尽くす。新国立競技場への提言を増補した決定版！

その後の慶喜　家近良樹

幕府瓦解から大正まで、若くして歴史の表舞台から姿を消した最後の将軍の〝長い余生〟を近しい人間の記録を元に明らかにする。（門井慶喜）

「月給100円サラリーマン」の時代　岩瀬彰

物価・学歴・女性の立場――。豊富な資料と具体的なイメージを通して戦前日本の「普通の人」の生活感覚を明らかにする。（パオロ・マッツァリーノ）

漢字とアジア　石川九楊

中国で生まれた漢字が、日本（平仮名）、朝鮮（ハングル）、越南（チューノム）を形づくった。鬼才の書家が巨視的な視点から語る二千年の歴史。

9条どうでしょう　内田樹／小田嶋隆／平川克美／町山智浩

「改憲論議」の閉塞状態を打ち破るには、「虎の尾を踏むのを恐れない」言葉の力が必要である。四人の書き手によるユニークな洞察が満載の憲法論！

武道的思考　内田樹

「いのちがけ」の事態を想定し、心身の感知能力を高める技法である武道には叡智が満ちている！　気持ちがシャキッとなる達見の武道論。（安田登）

隣のアボリジニ　上橋菜穂子

大自然の中で生きるイメージとは裏腹に、町で暮らすアボリジニもたくさんいる。そんな「隣人」アボリジニの素顔をいきいきと描く。（池上彰）

弾左衛門と江戸の被差別民　浦本誉至史

浅草弾左衛門を頂点とした、花の大江戸の被差別民の世界に迫る。ごみ処理、野宿者の受け入れなど現代にも通じる都市問題が浮かび上がる。（外村大）

世界史の誕生　岡田英弘

世界史はモンゴル帝国と共に始まった。東洋史と西洋史の垣根を超えた世界史を可能にした、中央ユーラシアの草原の民の活動。

日本史の誕生　岡田英弘

「倭国」から「日本国」へ。そこには中国大陸の大きな政治のうねりがあった。日本国の成立過程を東洋史の視点から捉え直す刺激的論考。

倭国の時代　岡田英弘

世界史的視点から「魏志倭人伝」や「日本書紀」の成立事情を解明し、卑弥呼の出現、倭国王家の成立、日本国誕生の謎に迫る意欲作。

よいこの君主論　架神恭介／辰巳一世

戦略論の古典的名著、マキャベリの『君主論』が、小学校のクラス制覇を題材に楽しく学べます。学校、職場、国家の覇権争いに最適のマニュアル。

仁義なきキリスト教史　架神恭介

イエスの活動、パウロの伝道から、叙任権闘争、十字軍、宗教改革まで——。キリスト教二千年の歴史が果てなきやくざ抗争史として蘇る！（石川明人）

座右の古典　鎌田浩毅

読むほどに教養が身につく！　古今東西の必読古典50冊を厳選し項目別に分かりやすく解説。京大人気教授が伝授する、忙しい現代人のための古典案内。

現代人の論語　呉智英

革命軍に参加!?　王妃と不倫!?　孔子とはいったい何者なのか？　論語を読み抜くことで浮かび上がる孔子の実像。現代人のための論語入門・決定版！

つぎはぎ仏教入門　呉智英

知ってるようで知らない仏教の、その歴史から思想的な核心までを、この上なく明快に説く。現代人のための最良の入門書。二篇の補論を新たに収録！

吉本隆明という「共同幻想」　呉智英

熱狂的な読者を生んだ吉本隆明。その思想は「正しく」読み取られていただろうか？　難解な吉本思想の核心を衝き、特異な読まれ方の真実を説く！

荘子と遊ぶ　玄侑宗久

『荘子』はすこぶる面白い。読んでいると「常識」という桎梏から解放される。魅力的な言語世界を味わいながら、現代的な解釈を試みる。（ドリアン助川）

考現学入門　今和次郎　藤森照信編

震災復興後の東京で、都市や風俗への観察・採集からはじまった〈考現学〉。その雑学の楽しさを満載し、新編集でここに再現。（藤森照信）

日本異界絵巻　小松和彦／宮田登／鎌田東二／南伸坊

役小角、安倍晴明、酒呑童子、後醍醐天皇ら、妖怪変化、異界人たちの列伝。魑魅魍魎が跳梁跋扈する闇の世界へようこそ。挿画、異界用語集付き。

江藤淳と大江健三郎　小谷野敦

大江健三郎と江藤淳は、戦後文学史の宿命の敵同士として知られた。その足跡をたどりながら日本の文壇・論壇を浮き彫りにするダブル伝記。（大澤聡）

レトリックと詭弁　香西秀信

「沈黙を強いる問い」「論点のすり替え」など、議論に仕掛けられた巧妙な罠に陥ることなく、詐術に打ち勝つ方法を伝授する。

翻訳教室　鴻巣友季子

「翻訳をする」とは一体どういう事だろう？　第一線の翻訳家とその母校の生徒達によるとっておきの超・入門書。スタートを切りたい全ての人へ。

評伝　開高健　小玉武

行動的な作家だった開高健はジャンルを超えた優れた作品を遺し、企業文化のプロデューサーとしても活躍した。長年の交流をもとに、その素顔に迫る。

独特老人　後藤繁雄編著

埴谷雄高、山田風太郎、中村真一郎、淀川長治、水木しげる、吉本隆明、鶴見俊輔……独特の個性を放つ思想家28人の貴重なインタビュー集。

父が子に語る日本史　小島毅

歴史の見方に「唯一」なんてあり得ない。君にはそれを知ってほしい――。一国史的視点から解放される、ユーモア溢れる日本史ガイド！（保立道久）

父が子に語る近現代史　小島毅

日本の歴史は、日本だけでは語れない――。未来の世代に今だからこそ届けたい！　ユーモア溢れる大人気日本史ガイド・待望の近現代史篇。（出口治明）

紅一点論 斎藤美奈子
「男の中に女が一人」は、テレビやアニメで非常に見慣れた光景である。その「紅一点」の座を射止めたヒロイン像とは⁉（姫野カオルコ）

「日本人」力 九つの型 齋藤孝
個性重視と集団主義の融合は難問のままである。著名な九人の生き方をたどり、「少年力」や「座禅力」などの「力」の提言を通して解決への道を示す。

生き延びるためのラカン 斎藤環
幻想と現実が接近しているこの世界で、できるだけリアルに生き延びるためのラカン解説書にして精神分析入門書。カバー絵・荒木飛呂彦（中島義道）

映画は父を殺すためにある 島田裕巳
〝通過儀礼〟で映画を分析することで、隠されたメッセージを読み取ることができる。宗教学者が教える、ますます面白くなる映画の見方。（町山智浩）

なぜ日本人は戒名をつけるのか 島田裕巳
多くの人にとって実態のわかりにくい〈戒名〉。宗教と葬儀の第一人者が、奇妙な風習の背景にある日本仏教と日本人の特殊な関係に迫る。（水野和夫）

星の王子さま、禅を語る 重松宗育
『星の王子さま』には、禅の本質が描かれている。住職でアメリカ文学者でもある著者が、難解な禅の哲学を指南するユニークな入門書。（西村惠信）

被差別部落の伝承と生活 柴田道子
半世紀前に五十余の被差別部落、百人を超える人々から行った聞き書き集。暮らしや民俗、差別との闘い。語りに込められた人々の思いとは。（横田雄一）

ぼくが真実を口にすると 吉本隆明88語 勢古浩爾
吉本隆明の著作や発言の中から、とくに心に突き刺さったフレーズ、人生の指針となった言葉を選び出し、それを手掛かりに彼の思想を探っていく。

ことばが劈(ひら)かれるとき 竹内敏晴
ことばとこえとからだと、それは自分と世界との境界線だ。幼時に耳を病んだ著者が、いかにことばを回復し、自分をとり戻したか。

春画のからくり 田中優子
春画では、女性の裸だけが描かれることはなく、男女の絡みが描かれる。男女が共に楽しんだであろう性表現に凝らされた趣向とは。図版多数。

江戸百夢　田中優子

世界の都市を含みこむ「るつぼ」江戸の百の図像（手拭いから彫刻まで）を縦横無尽に読み解く。平成12年度芸術選奨文部科学大臣賞、サントリー学芸賞受賞。

張形と江戸女　田中優子

江戸時代、張形は女たち自身が選び、楽しむものだった。江戸の大らかな性を春画から読み解く。図版追加。カラー口絵4頁。（白倉敬彦）

カムイ伝講義　田中優子

白土三平の名作漫画『カムイ伝』を通して、江戸の社会構造を新視点で読み解く。現代の階層社会の問題が見えると同時に、エコロジカルな未来も見える。

戦前の生活　武田知弘

軍国主義、封建的、質素倹約で貧乏だったなんてウソ。意外で驚きなトピックが満載。夢と希望に溢れ、ゴシップに満ちた戦前の日本へようこそ。

「読まなくてもいい本」の読書案内　橘玲

時間は有限だから「古いパラダイムで書かれた本」は捨てよう！「今、読むべき本」が浮かび上がる驚きの読書術。文庫版書き下ろしを付加。（吉川浩満）

エーゲ 永遠回帰の海　立花隆

ギリシャ・ローマ文明の核心部を旅し、人類の思考の普遍性に立って、西欧文明がおこなった精神の活動を再構築する思索旅行記。カラー写真満載。

伝達の整理学　外山滋比古

大事なのは、知識の詰め込みではない。思考をいかに伝達するかである。AIに脅かされる現代人の知のあるべき姿を提言する、最新書き下ろしエッセイ。

人生を〈半分〉降りる　中島義道

哲学的に生きるには〈半隠遁〉というスタイルを貫くしかない。「清貧」とは異なるその意味と方法を、自身の体験を素材に解き明かす。（中野翠）

哲学の道場　中島義道

哲学は難解で危険なものだ。しかし、世の中にはこれを必要とする人たちがいる。――死の不条理への問いを中心に、哲学の神髄を伝える。（小浜逸郎）

ヒトラーのウィーン　中島義道

最も美しいものと最も醜いものが同居する都市ウィーンで、二十世紀最大の「怪物」はどのような青春を送り、そして挫折したのか。（加藤尚武）

脳はなぜ「心」を作ったのか　前野隆司

「意識」とは何か。どこまでが「私」なのか。死んだら「心」はどうなるのか。――「意識」と「心」の謎に挑んだ話題の本の文庫化。（夢枕獏）

錯覚する脳　前野隆司

「意識のクオリア」も五感も、すべては脳が作り上げた錯覚だった！　ロボット工学者が科学的に明らかにする衝撃の結論を信じられますか。（武藤浩史）

戦闘美少女の精神分析　斎藤環

ナウシカ、セーラームーン、綾波レイ……「戦う美少女」たちは、日本文化の何を象徴するのか。「おたく」「萌え」の心理的特性に迫る。（東浩紀）

ひきこもりはなぜ「治る」のか？　斎藤環

「ひきこもり」研究の第一人者の著者が、ラカン、コフート等の精神分析理論でひきこもる人の精神病理を読み解き、家族の対応法を解説する。（井出草平）

「ひきこもり」救出マニュアル〈理論編〉　斎藤環

「ひきこもり」治療に詳しい著者が、Q&A方式で、ひきこもりとは何か、どう対応すべきかを示している。すべての関係者に贈る明日への処方箋。

「ひきこもり」救出マニュアル〈実践編〉　斎藤環

「ひきこもり」治療に詳しい著者が、具体的な疑問に答えた、本当に役に立つ処方箋。理論編に続く、実践編。参考文献、「文庫版　補足と解説」を付す。

キャラクター精神分析　斎藤環

ゆるキャラ、初音ミク、いじられキャラetc.。現代日本に氾濫する数々のキャラたち。その諸相を横断し、究極の定義を与えた画期的論考。（岡﨑乾二郎）

承認をめぐる病　斎藤環

人に認められたい気持ちに過度にこだわると、さまざまな病理が露呈する。現代のカルチャーや事件から精神科医が「承認依存」を分析する。（土井隆義）

増補　オオカミ少女はいなかった　鈴木光太郎

サブリミナル効果は捏造だった？　虹が3色にしか見えない民族がいる？　否定されているのによみがえる、心理学の誤信や迷信を読み解く。

子は親を救うために「心の病」になる　高橋和巳

子は親が好きだからこそ「心の病」になり、親を救おうとしている。精神科医である著者が説く、親子という「生きづらさ」の原点とその解決法。

人は変われる　高橋和巳

人は大人になった後でこそ、自分を変えられる。多くの事例をあげ「運命を変えて、どう生きるか」を考察した名著、待望の文庫化。（中江有里）

消えたい　高橋和巳

自殺欲求を「消えたい」と表現する、親から虐待された人々。彼らの育ち方、その後の人生、苦しみを丁寧にたどり、人間の幸せの意味を考える。（橋本治）

「教える技術」の鍛え方　樋口裕一

ダメ教師だった著者が、「カリスマ講師」として知られるようになったのはなぜか？　自らの経験から見出した「教える技術」凝縮の一冊。（和田秀樹）

人生の教科書［よのなかのルール］　藤原和博／宮台真司

〝バカを伝染（うつ）さない〟ための「成熟社会へのパスポート」です。大人と子ども、お金と仕事、男と女と自殺のルールを考える。（重松清）

人生の教科書［人間関係］　藤原和博

人間関係で一番大切なことは、相手に「！」を感じてもらうことだ。そのための、すぐに使えるヒントが詰まった一冊。（茂木健一郎）

人生の教科書［情報編集力をつける国語］　藤原和博／重松清／橋本治

コミュニケーションツールとしての日本語力＝情報編集力をつけるのが国語。重松清の小説と橋本治の古典で実践教科書を完成。（平田オリザ）

本を読む人だけが手にするもの　藤原和博

これを読んだらもっと本が読みたくなる最強の読書論。厳選50冊も紹介。文庫版特典は、前田裕二のエッセイ。「人生の教科書」シリーズスタート！

14歳からの社会学　宮台真司

「社会を分析する専門家」である著者が、社会の「本当のこと」を伝え、いかに生きるべきか、に正面から答えた。重松清、大道珠貴との対談を新たに付す。

生きるかなしみ　山田太一編

人は誰でも心の底に、様々なかなしみを抱きながら生きている。「生きるかなしみ」と真摯に直面し、人生の幅と厚みを増した先人達の諸相を読む。

「日本人」という、うそ　山岸俊男

現代日本の様々な問題は、「武士道」だの「品格」だのでは、解決できない。それはなぜか？　「日本人とは」という常識のうそをあばく！（長谷川寿一）

ちくま文庫

45歳の教科書
——モードチェンジのすすめ

二〇二一年六月十日　第一刷発行

著者　藤原和博（ふじはら・かずひろ）

発行者　喜入冬子

発行所　株式会社　筑摩書房
東京都台東区蔵前二―五―三　〒一一一―八七五五
電話番号　〇三―五六八七―二六〇一（代表）

装幀者　安野光雅

印刷所　三松堂印刷株式会社

製本所　三松堂印刷株式会社

ISBN978-4-480-43748-8　C0195